联合出书人

王小强

陈世兰

母开梅

廖燕红

王　方

史鹏霖

徐滔鸿

赵春华

赵　明

郑厚革

杨懿群

杨　林

左　华

贺喜平

林惠意

廖香平

熊正梅

韦舜华

李燕鸿

张彦涛

张宇鑫

超能量演说家

林田杰　著

中国财富出版社

图书在版编目（CIP）数据
超能量演说家 / 林田杰著. —北京：中国财富出版社，2018.2
ISBN 978-7-5047-6613-7

Ⅰ. ①超…　Ⅱ. ①林…　Ⅲ. ①演讲—语言艺术—通俗读物　Ⅳ. ①H019-49

中国版本图书馆CIP数据核字（2018）第045540号

策划编辑 宋　宇　**责任编辑** 张冬梅　郭逸亭
责任印制 梁　凡　**责任校对** 孙会香　张营营　**责任发行** 张红燕

出版发行 中国财富出版社
社　　址 北京市丰台区南四环西路188号5区20楼　**邮政编码** 100070
电　　话 010-52227588转2048/2028（发行部）010-52227588转321（总编室）
010-68589540（读者服务部）　010-52227588转305（质检部）
网　　址 http://www.cfpress.com.cn
经　　销 新华书店
印　　刷 合肥市宏基印刷有限公司
书　　号 ISBN 978-7-5047-6613-7/H・0150
开　　本 710mm×1000mm　1/16　**版　　次** 2018年4月第1版
印　　张 14.75　**彩　　页** 2　**印　　次** 2018年4月第1次印刷
字　　数 190千字　**定　　价** 49.80元

前言

如今社会，当众演讲无处、无时不在。高水平的演讲无论是对个人价值的实现、个人发展，还是对人生成功都发挥着不可估量的作用。

纵观演讲发展历史，无数成功者的事实证明，会演讲，善于说话是事业成功的强化剂，它直接关系到一个人事业的成功。从社会阶层来看，大到政治领袖、社会名流、商业精英，小到高级主管、经理，甚至是销售人员、职位竞聘者，都需要拥有卓越的当众演讲的能力。由此可见，演讲能力已然渗透到人们生活的方方面面。

美国人类行为学家汤姆士表示："说话的能力是成名的捷径。它能够使人显赫、鹤立鸡群。能言善辩的人，往往使人尊敬，受人爱戴，得人拥护。它使一个人的才学充分拓展，熠熠生辉，事半功倍，业绩卓著。"

从某种意义上来说，演讲是一个人思想和智慧的集中体现。演讲艺术的高低，取决于一个人的综合实力，取决于其长期的知识积淀和实践训练。成功的演讲不仅需要演说者具有广泛、渊博的知识系统，形成自己的思想体系，还需要其具备良好的心理素质以及符合自身发展需求的实践标准。

在现实生活中，无论你将来要成为一名超能量的演说家，还是担任一家公司的总裁，或者是在任何一个组织担任领导者的角色，拥有一对多的演讲能力和现场行销能力，都是你跻身于社会之中所应该具备的。只有这样，才能释放个人魅力，增加产品的说服力，才能在短时间内影响到更多的人。

值得庆幸的是，当你打开本书的那一刻，就已经进入了一个演讲的训练课程里。不管你是对演讲理论方面的概念不清晰还是缺乏演讲训练方面的技巧，你都将会在本书中寻找到答案。认真观察的朋友们会注意到，当我们翻阅市场演讲书籍时，可以看到绝大部分演讲书都在灌输理论性的知识，或者是以理论性内容为主。这就导致很多人在阅读之后仍然不知道自己应该从哪里入手，应该从哪方面去做，没有实践意义。当然也有一些技巧性的演讲书籍，但也存在技巧零散，可操作性不高，难以落地的局限性。

本书主要将理论、技巧、练习三者充分结合，以 30% 演讲理论 +50% 演讲技巧 +20% 演讲训练为一套系统的演讲工具书。共分为三大部分，第一部分主要围绕演讲的基本功，包括演讲的信念、个人品牌包装、发声训练、肢体训练、台风训练、演讲稿训练以及演讲流程训练。第二部分主要围绕演讲的实战技巧，包括演讲的开场技巧、演讲的互动技巧、演讲的语言技巧、演讲的危机处理技巧以及演讲的结束技巧。第三部分主要围绕演讲实践演练，主要包括即兴演讲演练、获奖感言演练以及竞职、竞聘、竞选演讲演练。相信书中“总有一款适合你”，总有一部分内容可以帮助到你。

除此之外，在书中每一节后面都会为大家“量身定做”一些小训练、小练习。将理论、技巧、练习三者相互结合，目的就是建立一个标准，打造一个系统，能够创立出专业、系统、有效的演讲口才培训课程体系，确保每一个人学习完每一节内容都会有所改变、有所进步、有所收获。

最后，真诚地希望每个热爱演讲的人、希望提升演讲能力的人，都能够充分获取本书中的“养料”，真正做到学以致用。当我们拥有这些总结的知识和通过实践训练历练出的经验和能力时，每个人都可以成为超能量演说家！

目录
CONTENTS

PART1 演讲基本功

第 1 章　超能量演说的信念：一定要学好演讲

1. 重塑演讲的信念 ………………………………… 003
2. 成为演说家的五个关键 ………………………… 006

第 2 章　个人品牌包装：如何成为精英演说家

1. 精英演说家的定位与目标 ……………………… 010
2. 精英演说家的个人品牌宣传 …………………… 014
3. 精英演说家权威的建立 ………………………… 018
4. 精英演说家的职业使命 ………………………… 021

第 3 章　发声训练：如何练就演讲好声音

1. 口部训练 ………………………………………… 024
2. 气息控制技巧与训练 …………………………… 028
3. 共鸣控制技巧与训练 …………………………… 031
4. 声音弹性技巧与训练 …………………………… 035
5. 吐字清楚技巧与训练 …………………………… 038
6. 演讲朗读技巧与训练 …………………………… 041

第 4 章　肢体训练：如何运用肢体动作

1. 微笑技巧与训练 …………………………………… 046
2. 眼神技巧与训练 …………………………………… 051
3. 手势技巧与训练 …………………………………… 053
4. 步法技巧与训练 …………………………………… 057
5. 肢体语言组合技巧与训练 ………………………… 060

第 5 章　台风训练：如何拥有舞台魅力

1. 登场技巧与训练 …………………………………… 063
2. 台上站姿技巧与训练 ……………………………… 066
3. 拿麦克风技巧与训练 ……………………………… 069
4. 鼓掌技巧与训练 …………………………………… 072
5. 引爆激情技巧与训练 ……………………………… 075
6. 展现舞台魅力技巧与训练 ………………………… 078

第 6 章　演讲稿训练：如何讲好故事

1. 设计震撼演讲稿的步骤 …………………………… 082
2. 震撼演讲稿的结构设计 …………………………… 086
3. 震撼演讲稿的内容设计 …………………………… 089
4. 哲理故事演讲稿设计训练 ………………………… 093
5. 共鸣故事演讲稿设计训练 ………………………… 097
6. 情感故事演讲稿设计训练 ………………………… 102
7. 责任与感恩故事演讲稿设计训练 ………………… 107

第 7 章　演讲流程训练：如何做好演讲的准备

1. 演讲前必做的准备 ………………………………… 112
2. 如何克服紧张情绪 ………………………………… 117
3. 每天坚持基本功训练 ……………………………… 120

PART2 演讲实战技巧

第 8 章 演讲开场技巧：如何打造演讲第一印象

1. 如何进行自我介绍 …………………………… 127
2. 演讲开场的万能公式 ………………………… 131
3. 六种经典的演讲开场方式 …………………… 134

第 9 章 演讲互动技巧：如何通过互动控场

1. 化句号为问号 ………………………………… 138
2. 二选一问答引发思考 ………………………… 142
3. 重复重点内容加深印象 ……………………… 145
4. 游戏互动技巧与训练 ………………………… 149

第 10 章 演讲语言技巧：如何用语言让演讲更精彩

1. 善用修辞，让演讲更富感染力 ……………… 153
2. 运用术语和俗语，让演讲接地气 …………… 157
3. 恰当地制造幽默，让演讲更有趣 …………… 160
4. 引经据典，让演讲更有说服力 ……………… 164

第 11 章 演讲危机处理技巧：如何应对突发事件

1. “冷场”应对技巧 …………………………… 167
2. “忘词了”应对技巧 ………………………… 172
3. “讲错了”应对技巧 ………………………… 176
4. “时间到了没说完”应对技巧 ……………… 181
5. “现场秩序混乱”应对技巧 ………………… 185
6. “听众现场提问”应对技巧 ………………… 189

第 12 章 演讲结束技巧：如何设计演讲的结尾

1. 万能演讲结尾公式 …………………………… 193
2. 三种常见的演讲结束语 ……………………… 197

PART3 演讲实践演练

第 13 章 即兴演讲演练

1. 即兴演讲的万能模板 …………………………… 203

2. 即兴演讲的实战演练 …………………………… 207

第 14 章 获奖感言演练

1. 获奖感言的万能模板 …………………………… 211

2. 获奖感言的实战演练 …………………………… 216

第 15 章 竞职、竞聘、竞选演讲技巧

1. 竞职、竞聘、竞选演讲的万能模板 …………… 219

2. 竞职、竞聘、竞选演讲的实战演练 …………… 224

PART 1
演讲基本功

第 1 章　超能量演说的信念：一定要学好演讲
第 2 章　个人品牌包装：如何成为精英演说家
第 3 章　发声训练：如何练就演讲好声音
第 4 章　肢体训练：如何运用肢体动作
第 5 章　台风训练：如何拥有舞台魅力
第 6 章　演讲稿训练：如何讲好故事
第 7 章　演讲流程训练：如何做好演讲的准备

第 1 章
超能量演说的信念：一定要学好演讲

★学习导航

通过本章学习，你将能够：

- 了解演讲信念的重要性。
- 树立坚定的演讲信念。
- 了解成为演说家的关键因素。

1. 重塑演讲的信念

信念是一个人精神上的向导，是一个人对某种事物至死不渝的坚信与热爱。人们在从事某项事业或者是执行某项任务时，信念起着很重要的作用。

学好演讲是一条漫长的路，很多人可能学到一半就放弃了，很多人可能经历了失败，最终也选择了放弃。很多时候，演说者之所以会失败、退缩，是因为他们心中缺少一股强大的信念。只有具备这种信念，不断激发着我们，才会产生前进和学习的动力；只有具备这种信念，不断鼓励我们，才会让我们坚信自己一定可以成功！

演讲是一项伟大的事业，一个人想要学好演讲、想要成为优秀的演说家，最重要的就是——信念。一定要在心里埋下学好演讲，并且坚定不移地相信自己一定可以成为演说家的信念。

超能量演说重塑21个演讲信念：

（1）我喜欢我自己；

（2）我喜欢说话；

（3）我喜欢自己的嗓音；

（4）我热爱观众；

（5）我热爱舞台；

（6）只要有说话的机会，我就立刻说话；

（7）只要有表现的机会，我就会尽全力表现；

（8）给我一个舞台，我就能掀起整篇演讲的热潮；

（9）只要能够讲话，我就能“讲”“演”结合；

（10）只要能够讲话，我就能够调动起全身上下的细胞；

（11）只要能够有微笑的机会，我就练习自己的微笑；

（12）只要有接受批评建议的机会，我就会坦然接受；

（13）只要有被鼓掌和被赞扬的机会，我就会更加努力拼搏；

（14）只要有学习的机会，我就会不顾一切地跟别人学习；

（15）我坚信自己就是天生的演讲者，能将演讲发挥到极致；

（16）我相信一定可以把口才练好，只要我肯付出努力；

（17）我相信自己通过演讲可以改变自己的命运，让自己变得更优秀；

（18）我相信通过演讲可以改变更多人的命运，让演讲更有力量；

（19）只要我一开始演讲，就会有人为我呐喊、欢呼；

（20）只要有我在，生活处处是舞台；

（21）演讲因为我而精彩，我为演讲而生！

超能量演说训练

（1）为了重塑你的演讲信念，请按照以下方法进行练习：

√ 把上文提到的 21 个信念打印出来，贴在最显眼的地方（例如：床头、镜子前）。

√ 每天早上起床后，大声朗读超能量演说 21 个演讲信念 5 遍。

√ 每天睡前把当天记住的演讲信念认真地记录在本子上。

（2）信念训练笔记：

2. 成为演说家的五个关键

世界上没有哪一个人天生就是演说家，任何一个成功演说家的背后都有着各自的辛酸和奋斗之路。在演讲之路上，有人不断坚持着，有人不断学习着，还有人不断拼搏着……这些关键因素不仅见证着他们的成长，也最终成就了他们。

超能量演说为大家分享成为演说家的五个关键：

（1）态度

在演讲中，且不论演讲的好与坏、精彩或平庸，首先映入我们眼帘的是演讲者的态度。有时候，态度往往比能力更加重要，毕竟能力可以在后期的训练中不断提升，而态度则一开始就决定了演讲者在观众心里的形象。

因此，对演讲者来说，态度是决定其能否成为演说家的关键因素。试想一下，如果你每次都能够认真对待演讲，用心做准备，都能够全力以赴，那么不仅能够为演讲做充分的准备，也树立了兢兢业业、认真负责的形象，这样更加能够打动和感染每一位听众。

除此之外，态度最直接的表现就是真诚。真诚永远是一个人最好的名片，是一个人的外在形象最好的象征。所以在演讲过程中，无论是话里话外、字里行间，还是举手投足，都应该尽可能地展现出自身的真诚与友好。

举例：

“很荣幸今天能够在这里与大家相识相聚，这样的机会，这样的缘分，此情此景，让我们彼此珍惜，共同进步，一起度过这段美好时光。”

演讲以这种方式开场，首先展现在大众面前的就是友好而真诚的态度，这种态度很容易被大家接受，并且能够在观众心里留下较好的印象，这种对待演讲的态度在演讲中是比较占先机和讨巧的。

（2）决心

无论是学习演讲还是做其他事情，都需要拥有十足的决心，决心是一切努力的开始，也是为之坚持不懈的动力。想要学好演讲，成为优秀的演说家，树立强大的决心尤为关键。例如：我一定要成为演讲高手，我一定要成为精英演说家，等等。这些都表示一种决心。至于我们如何确保这些决心的有效性，取决于我们对决心的坚定程度以及我们付出的实际行动。

（3）学识

学识永远是一个人的财富。作为演讲者整天凭借一张嘴奔走于大大小小的舞台，倘若肚子里没点学识和墨水，没有深刻的思想、过人的智慧、新颖的价值观念，岂能吸引观众的兴趣，长久立足于竞争激烈的演讲行业之中。

此外，从某种意义上来说，演讲也是一份教育事业，不仅给人传授知识和技巧，也帮助人们寻找自信和力量，给人以影响和启迪。它的功能以及发挥的作用已经远远超过人们对演讲的基本定位。所以说，想要成为一名优秀的演说家，就一定要不断学习，努力提升自身的学识水平和知识素养，为听众带来更多的收获和帮助，这样的演讲者才是舞台上一直以来真正需要的。

（4）技巧

俗话说：“闻道有先后，术业有专攻。”对于道理的了解有先有后，各个技能行业都有着各自专门的研究。演讲也不例外，对于演讲来说，技巧的掌握是必不可少的。

人类智慧是无穷尽的，人们总是能在各个行业的不断积累和经验总结中探索到事物的规律和技巧，来提高效率，使学习、工作和生活轻松便捷。用当下的话来说是一种“套路”，套路是每个行业特有的一种技巧。例如演讲的技巧，包括声音、肢体、互动、语言组织、台风、系统流程等，这些方面都讲究一定的方法和技巧。

通过对这些技巧的熟悉和了解，然后套用并实践，就会产生立竿见影的效果。但是如果你一直沿用通用的技巧，一味地模仿他人，就不能成就非凡的自己。因为技巧层出不穷，并不是每一种技巧都适合自己。我们需要做的就是根据自身情况，为自己量身定做一套技巧，并且在此基础上不断创新，努力成就独特、精品的演讲。

（5）坚持

想要成为演说家并非一朝一夕之事。任何成功的背后都需要付出长期的坚持与努力，既然想要成为演讲行业的“大家”，不摸爬滚打个十几年，都不足以称之为演说家。演讲是一个需要不断学习、不断练习的过程，这期间我们可能会因为面临压力、挫折、打击和磨难，想过要逃避、放弃和中止。面临以上种种情绪很正常，但是如果不能够越挫越勇、坚持不懈，敢于接受挑战和压力，那么演讲之路可能就达不到巅峰。

总的来说，演讲是一条漫长且艰辛的道路，它考验的是演说者内心的强大以及对演讲长期的积极性与热情。如果想要成为优秀的演说家，想要在演讲的路上越走越远，就必须熟练掌握成为演说家的关键五要素，并且在成长的道路上有所落实。

超能量演说训练

（1）为了培养成为演说家的潜质，需要经常进行以下练习：

√ 每天早上起来重温对于演讲的热爱，大声告诉自己，告诉世界：我热爱演讲，我热爱演讲……

√ 每天至少向一个优秀的人进行学习和请教，可以是他人对于人生总结出的道理，也可以是身边人优秀的品质和表现。

√ 每天将自己的状态和热情调节在巅峰状态，对一切事物保持热情和信心。

√ 时刻怀有一颗感恩的心和一种谦卑的人生态度。

（2）训练笔记：

第2章

个人品牌包装：如何成为精英演说家

★学习导航

通过本章学习，你将能够：

- 明确演说家定位与目标的重要性。
- 掌握如何打造自身品牌包装的方法。
- 深入了解精英演说家的职业使命。

1. 精英演说家的定位与目标

成功的演讲，其内容定位必定非常明确，并且具备一定的实践性。演讲的内容具有一定的中心思想，所说所言都是为了达到某一目的的。这种清晰的定位和目标会引导演讲者朝着某一明确的方向进行演讲。因此对演讲者来说，想要成为精英演说家就需要具备清晰的定位和目标，超能量演说有一套成为精英演说家的公式：漫长的努力 + 精准的定位 + 明确的目标。

（1）定位

随着社会的发展与进步，演说涉及众多领域。例如：你需要在一次大型会议上进行发言；你打算谋得一个竞争比较激烈的职位，为求职面试而准备。再比如，你正在组织一次重要会议，高层领导密切关注你的表现；你正在组织一个大型的销售课程演讲，如果成功就可能突破业绩。虽然同样都需要演讲，但是却需要对自身有着清晰的演讲定位。如何将最好的自己展现在工作中或者是如何将演讲赋予强大的吸引力，面对这些问题，演讲者都需要事先在心中进行精准定位。

从目前社会发展形势来看，演讲覆盖了以下领域：销售、谈判、行销、领导力、投资理财、公众演说、两性关系、互联网、潜能激发、亲子教育、健康、环保……

面对众多领域，演讲者需要思考的问题就是：我是演讲者，我要在哪个领域演讲？我擅长在哪个领域演讲？如何找到我的定位，找到属于我的发展领域？

（2）目标

人的任何实践行动都需要有目标和目的性，演讲也不例外，并且对于演讲目标的划分，越具体越好。因为从目标执行的角度来说，目标的难易度将会决定一个人的执行效果，越是那些有难度的目标，往往越会限制和阻碍我们快速达成目的，所以我们有必要对目标进行细分。具体可以分为三个阶段：短期目标、中期目标、长期目标。

就短期目标来说，这一阶段应该制订一些难度较低、较容易实现的。这个阶段属于演讲的起点，需要我们明确的目标就是学会演讲。例如：每天多看演讲类书、多看多听演讲类视频、音频，然后写下学到的技巧，对演讲有深一层认识。一般情况下，建议短期目标达成的时间期限在六个月左右。

就中期目标来看，这个阶段是基准，我们需要明确的是如何学好演讲。这时候就需要适当地增加一些学习的难度，多进行实训演练。例如：第一步，进行演讲技巧和学习方案整理；第二步，每天进行实训、演练，模仿演讲视频中的优秀选手，至少练习 5 遍演讲稿。这样做的目的一方面是奠定自己的演讲基调，另一方面是为了能够通过每天的练习来提升自己。通常建议中期目标达成的时间期限在一年左右。

从长期目标来看，这也是难度最大的一个目标。这个目标在某种程度上等同于我们的梦想——成为精英演说家。当然，这个宏伟的目标并非是短时间内就能够实现的。它重在坚持，重在积累。首先我们需要把目标定在优秀的演讲者的位置上，其次成为演讲高手，然后逐渐走向专业化，成为培训师、讲师，最终才能走向精英演说家。只有步步跨越、步步累积，最终才能实现我们的长期目标、终极梦想。

总之，成为精英演说家需要跨越层层阻碍，无论是从时间还是难易度上来看，都是一个漫长的过程。但是只要我们做好定位与规划，并且不断地践行、努力，那么有朝一日定能够实现成为精英演说家的梦想。

超能量演说训练

（1）为了实现成为精英演说家的目标，请进行以下练习：

√ 写下个人内心喜好以及擅长的事物。

√ 根据自身情况，选择出符合自己的演讲领域。

√ 针对自己的演讲定位，对演讲之路进行规划。（例如：定下阶段性的目标，短期目标、中期目标、长期目标）。

（2）训练笔记：

2. 精英演说家的个人品牌宣传

演讲，是一个暴露在公众视野之下的职业，它讲究形象、讲究品牌、讲究宣传。如何给观众留下深刻的印象？如何形成自身良好的形象？诸多问题都需要通过个人品牌宣传来加以实现。当我们将演讲真正定位和规划完毕，并且决定从某一领域进行演讲之后，那么下一步最重要的就是进行个人品牌推广。

超能量演说个人品牌宣传五大步骤：

（1）名字

名字是一个人最好的代表和象征，一个响亮而独特的名字更容易让人记住。演说者进行个人品牌宣传的第一步就是对名字进行斟酌，分析名字好不好。例如，可以从以下几个方面来判断：名字是否独特、是否有文化底蕴、是否与自身气质相符合等。第二步，如果演讲者的名字本身就很精妙或者很有韵味，那么接下来需要做的就是对名字进行包装。如何包装？最重要的就是找出包装点，也就是说提炼出名字中的特点，或者是名字背后潜藏的寓意，对这些独特的点进行宣传，这样听众听起来就觉得具有独特的个性、有自己的特色，进而给人留下深刻的印象，使人容易识别。例如：因为春晚一炮走红的明星“小沈阳”，在进行自我介绍的时候说：“我叫小沈阳，沈是沈阳的沈，阳是沈阳的阳。”这样一说完，不仅把观众逗乐了，观众也因为联想到地名，深刻地记住了他的名字。

反之，如果演讲者的名字平庸无奇，无论是从独特性和名字的寓意来看，都算不上好名字，这时候演讲者就需要考虑更改名字。如何更改？第一步，需要考虑名字与自身气质是否符合。例如，如果皮肤比较黑，改了一个与白相关的名字就不太合适；如果个子较矮，名字象征着高大魁梧就不太相衬。第二步，需要考虑名字是否合乎情理。有时候一些名字的寓意虽然是好的，但是因为受到同音字、通假字等影响，反而会曲解了名字本身的寓意。例如，姓吴，名诚信。表面看起来是个好名字，可是读起来才发现“吴诚信”同音“无诚信”，结果弄巧成拙，闹了笑话。

（2）特点

一个人只有拥有特点，才容易让人记住。特点是自身与众不同的一面，它代表一个人的个性和独特性。当然，有特点并不一定非要是超凡脱俗的形象气质，可以是某方面说话的特点、装扮的特点、动作的特点……例如：节目主持人鲁豫，她独特的发型就是最突出的特点。这种特点就能够让观众印象深刻，容易形成她的自身标签。

总之，就是给人留下深刻的印象，让别人感觉到你的不同特质。不过，在寻找特点的过程中需要注意的是，在对个人进行品牌包装的时候，需要找到适合自己并且与自身浑然一体的风格，尽可能地展现自身某方面特有而又健康的特性，这样既能给观众留下深刻的印象，也能够形成自身独特的品牌。

（3）优势

面对特点和优势很多时候我们容易混淆，但是优势在个人品牌宣传中的作用更胜一筹。因为优势是一个人过人之处，是超过其他人，并且他人很难达成的某项标准。对于演讲者来说，优势就代表了你的能力，代表了你的独一无二、无可替代。

因此，演讲者需要培养个人的优势。一方面，演讲者可以通过不断学习和训练，培养和建立自身的发展优势；另一方面，演讲者可以选择擅长的领域，通过不断努力，充分发挥自身的优势，不断提升自身优势技能，最终成为该领域的专家。

（4）用作品说话

演讲者需要创作出一些能够证明自己是专家的作品出来，利用相关作品作为支撑。毕竟一个人能力再高也不是说出来的，而是用实力和作品来证明的。

作品可以是举办一场成功的演讲，也可以是一些演讲竞赛中获得的奖牌和称号。总之，是一些能够拿得出手并且具有说服力的作品，只有这样才能够让人觉得你的作品是成功的，观众才会更加重视并且相信你。

一旦你有了属于自己的成功作品，那么下一步需要做的就是让作品看起来更加真实、权威，就需要对作品进行包装，将作品整理成视频、图片或者是文字并记录下来。

（5）渠道宣传

渠道宣传可以借助大量的网站、媒体来进行宣传，也可以通过出版一些相关的图书来包装自己。充分借助网络时代下信息传播的强大力量，以及传统出版业的宣传力量，因为它可以快速地建立你的个人品牌和知名度。

个人品牌宣传渠道如下：

①个人账号（博客、微博、微信、公众号、知乎、豆瓣）。

②百度（百度百科、百度贴吧）。

③图书（出版实体书、电子书、百度文档）。

④软文（发布到网站、培训网站、专业网站）。

⑤视频（优酷视频、土豆视频、直播视频）。

⑥活动（参加大型演讲活动、公众演说、免费培训课、举办演讲会）。

超能量演说训练

（1）为了找到符合自身气质的特点，我们可以进行以下练习：

√ 找五个自己身边的朋友，最好是五个熟悉自己的人。

√ 分别给他们每个人一张纸，让他们客观地写出你的特点、气质、习惯、作风，以及朝着哪个方向发展的趋向。

√ 针对五个人的建议来进行自身特点定位，最终形成自身品牌。

（2）训练笔记：

3. 精英演说家权威的建立

演说家的权威不仅仅是外在形象的树立，更是内在素质、学识以及经验的不断累积。权威的作用是强大的，权威会让人产生一种暗示效应，会让客户习惯性地认为你的语言很专业、客观。

对于演讲者来说，具体可以从以下几个方面来建立权威：

（1）外在权威形象

想要建立权威，首先需要做的就是树立权威的形象。古往今来，无论做什么事情都讲究像模像样。对于演讲来说，外在权威形象的建立必不可少。我们可以从以下几方面入手：

①装扮

装扮主要包括服饰和发型两个方面。就服饰方面来说，演讲是一个较为正式的场合，演讲者对于着装需要尽可能地体现出自身的正式、职业、专业。最好的着装就是穿职业装，而不是根据自身的喜好随意穿搭。从发型方面来说，每次上台讲话之前确保头发的清洁度和发型的整齐性，合理打理自己的发型，可以打发胶、啫喱水等来进行发型定位。

②言行举止

当你站在演说台上的那一刻，全身上下都被舞台上的灯光聚焦着，同时也被观众的目光所环绕着。这种情况下，言行举止都会引起观众们的注意，所以在舞台上的动作应该尽可能地稳重、得体和优雅。

③声音

演讲很大程度上受到声音的影响，声音的磁性和影响力不仅体现了演讲者是否有激情，也决定了演讲内容是否吸引人。但是声音的影响力并非指的是声音的强弱，不是声嘶力竭就证明你具有震撼力，真正具有影响力的声音是用科学发声的方法来进行字正腔圆、有穿透力的表达。

（2）内在权威气质

内在权威气质的建立体现在个人的素质修养、学识阅历以及经验技巧上。这些潜在的气质仿佛是镶嵌在我们灵魂之上的装饰和点缀。它们可以让我们在演讲中发光、发热，可以让我们的演讲给人以感悟与启迪。

①素养

素养主要是演讲者在舞台上所展现出的自身素质，是否举止文明，是否使用礼貌用语，遇到突发情况能否淡定从容地有效解决，是否具备精英演说家的气质。

②学识

一个人是否具有内在权威气质，在学识上能够充分体现出来。一个人的内在气质，很多时候会藏在一个人读过的书里，通过一些精妙的语言、深厚的文化底蕴可以为演讲带来“大师”般的风范，有利于建立演讲者的自身权威。

③技巧

技巧，通常会带给观众不一样的感觉，因为技巧带有一定的巧妙性，这种巧妙性会在一定程度上博得观众的认可，获得观众的好感和信任。

（3）成为演讲领域的专家

对于权威的建立，从某种程度上来说就是成为行业领域的专家。因为专家象征着某一领域最大的权威性、专业性。所以对演讲者来说，想要建立权威，就需要成为演讲行业的专家。因为对很多人来说，专家是权威和真理的化身，是最令人信任的。他们对于自己的言行举止都需要担负起相当大的责任。

所以说，针对自身的实力以及语言表达的专业性和真理性，我们就知道自己距离专家的路还有多远。不过，比路途更遥远的是人们的脚步。只要我们愿意付出，并不懈努力，只要找准正确的方向和有效的方法，那么即便是再长远的目标都有可能实现。

超能量演说训练

（1）为了建立演说家的权威，请进行以下训练：

√ 听培训课程，一个月至少听三次。

√ 读专业演讲类书籍，一个月至少读两本。

√ 举办免费演讲，一个月至少两次。

√ 写演讲类文章，挖掘、积累演讲干货。

√ 学习，请教成功人士或行业专家。

（2）训练笔记：

4. 精英演说家的职业使命

社会行业众多且纷繁各异，面对成千上万的职业，如何使各行各业有条不紊、各司其职？这其中依靠的就是行业特定的职责与使命。每个行业都有各自的责任和职业使命，教师的职业使命是传道授业解惑；医生的职业使命是救死扶伤；军人的职业使命是保家卫国。当然，作为演讲者我们也有自身的职业使命，并且只有坚定不移地谨记和执行这份使命，才能将我们塑造成精英演说家。

精英演说家的职业使命如下：

（1）传道、授业、解惑

不仅是教师有传道、授业、解惑的使命，作为演讲者也需要发挥传道、授业、解惑的作用。演讲也是一份需要讲授道理、传授业务知识和技能、解释疑难问题的职业。同时，对听众来说，聆听演讲也是一个获取知识、注入能量的过程。所以我们有必要担负起肩上的使命，阅读更多的书籍、深挖更多的道理和人生见解，尽最大可能去帮助听众获取更多的收获。

（2）弘扬社会正气

社会的风气需要一面有力的旗帜来加以指挥，演说者作为公众演说人物，必然有弘扬社会正气、弘扬社会主义核心价值观的义务。我们的职责就是要传递真善美、温暖、激情、大爱等一切充满正能量的人和事、景与物。为听众带来更多的温暖与能量，创造和谐强大的社会。

（3）由“小我”变“大我”

演讲对演讲者来说是一份极其辛苦的工作，每天面临着大大小小的舞台，成千上万的听众。但同时这也是一份很有影响力的工作，任何一句话都有可能在不经易间影响或者是改变他人。

当然，想要扩大自身的影响力，改变和激励更多的人并非是轻而易举的事情。我们在绽放自身能量的同时，需要放下小我，以整个社会为中心，以听众为焦点，说大众需要听的话，说能够给大众带来影响力的话。我们应该时刻谨记在什么岗位，就应该承担什么样的责任，并且既然选择某个行业，就应该尽最大努力让自身发光、发热，帮助更多的人、服务更多的人。这才是职业使命的终极意义。

这个世界上赚钱的行业有很多，但是没有哪个行业比给人们带来希望、带来快乐、带来成长、带来改变，更有意义、有价值。而演讲就可以通过语言的力量给更多的生命增光添彩，改变更多人的命运。

如果你的受众是年轻人，那么演讲就需要是关于成长的、关于梦想的，只有励志而充满正能量的演讲才能鼓励和引导新一代的年轻人。如果你的受众是职业人士、销售人士，那么你的演讲就是帮助他们挣到钱，帮助他们获取更多的销售技巧，实现更多的交易，指导他们走上成功之路。

总之，中国是一个地域庞大、人口众多的国家，无论是哪个领域的演讲，我们的宗旨都是给更多的生命带来光彩和希望，为更多人带来希望和改变。只有这样，我们整个民族才会更加快速地成长起来，变得更加团结，更加强大。

超能量演说训练

（1）为了树立坚定的职业使命，请对自己的演讲生涯进行合理规划：

√ 从众多职业使命中选出一个最重要的职业使命，作为演讲生涯中努力的方向。

√ 制订出关于如何实现职业使命的方案。（例如：实现职业使命我需要做出哪些准备，制订哪些学习计划）。

√ 将自己每一次演讲中的错误和改进方法记录下来，进行总结、反思、改进，不断趋近和吻合自身的职业使命。

（2）训练笔记：

第3章 发声训练：如何练就演讲好声音

★学习导航

通过本章学习，你将能够：

- 了解演说家进行发声训练的重要性。
- 学习和了解各种发声训练的方法。
- 掌握如何进行科学发声，练就演讲好声音。

1. 口部训练

演讲就是一门耍嘴皮子的职业，讲究嘴皮子的灵活度。想要嘴唇、舌头、口腔做到和谐配合，实现灵活表达，就需要对口部进行训练。这就等同于演唱家需要每天训练嗓子，运动员需要每天锻炼身体机能一样，这种训练能够纠正我们错误的发音，帮助我们科学发声，引导我们练就更好的演讲声音。

口部训练主要以唇舌力量的练习为主，经常做口部操，可以有效地加强唇舌力量，提高唇舌的灵活度、清晰度、集中度。

超能量演说有一套口部训练操：

（1）口的开合练习

张嘴打哈欠：10 次，保持在 20 秒左右。打槽牙，挺软腭。需要注意的是开口动作要柔和，两边嘴角向着斜上方扬起，上下嘴唇尽可能地放松，舌头自然平放。

张口做鬼脸：10 次，保持在 30 秒左右。用力把嘴巴张开，在口腔内做转圈动。

合口：10 次，保持在 20 秒左右。嘴巴合闭的时候，保持啃苹果的姿势。

经常做口部的开合练习，活动口腔，可以克服口腔开度的问题，确保口腔的灵活性。

（2）咀嚼练习

张口咀嚼：10 次，保持在 20 秒左右。

闭口咀嚼：10 次，保持在 20 秒左右。

在练习的过程中需要反复进行，不宜中断，同时将舌头自然平放。

（3）双唇练习

撮嘴：10 次，保持在 30 秒左右。唇部自由撮动或者是利用手部撮嘴唇。

左右噘唇：10 次，左右各为一次，时间保持在 30 秒左右。嘴唇合闭，分别向左、向右噘唇。

转唇：20 次，顺时针转动 10 次，逆时针转动 10 次，时间保持在 30 秒左右。

双唇发声：20 次，保持在 20 秒左右。嘴唇合闭，将唇的力量集中于唇中央 1/3 的部位，唇齿相依，不裹唇，阻住气流，然后突然用口中的气体迅速冲开双唇，连续喷气出声。

弹唇：10 次，左、右、上轮回弹出各为一次，时间保持在 1 分钟左右。用舌头抵住下唇，迅速弹出。

（4）舌部练习

刮舌：10 次，时间保持在 30 秒左右。舌尖抵住下齿背，舌体贴住齿背，一边张嘴，一边用上齿沿舌面刮。训练舌面上翘的曲拱度，增强舌面的隆起力量。刮舌的练习有助于纠正 j、q、x 的错误发音，确保字母发音标准化。

顶舌：10 次，时间保持在 30 秒左右。闭上嘴巴，用舌尖顶住左边内颊。然后再舌尖顶住右边内颊，做同样练习。左右轮回，反复练习。

伸舌：10 次，时间保持在 30 秒左右。将舌头伸出唇外，舌尖向前、向左右、向上下努力伸展。

转舌：10 次，时间保持在 30 秒左右。用舌尖沿着牙根转圈。

（5）面部整体练习

撮脸：10 次，时间保持在 30 秒左右。用手部上下反复练习。

顶腮：20 次，时间保持在 1 分钟左右。分别用舌头向左、向右顶住腮部，左右交替，反复练习。

总的来说，口部训练无论是对于演讲初学者还是熟练者来说都是一套系统的、合格的训练。它既能帮助演讲初学者掌握演讲者所应该具备的发声技巧、纠正音准，也能够帮助演讲熟练者增加表达的灵活度，是值得我们经常使用的一套口部训练操。

超能量演说训练

（1）口部训练注意事项：

√ 训练时长适宜，尽可能保持在 1 小时之内。

√ 训练需要严格按照专业的训练标准来进行，一旦走进误区，极有可能适得其反。

√ 训练需要跟进记录，及时发现变化，找到适合自己的训练技巧。

（2）口部训练笔记：

2. 气息控制技巧与训练

气息是人体发声的重要动力和基础，在进行演讲时，气息的速度、流量、压力的大小与演讲所发出的声音高低、强弱都有着直接的关系。可以说，想要更好地发声、驾驭语言，就必须学会合理控制气息，掌握控制气息的技巧。

超能量演说有一套气息控制训练技巧：

（1）张口吐气

将嘴巴自然打开，尽可能张大一些，同时缓慢用力使丹田自然鼓起，然后嘴巴开始微微闭上，随之轻轻吐气。

（2）张口打嘟

将嘴巴自然打开，可以尽量张大一些，同时缓慢用力使丹田自然鼓起，然后嘴唇合闭，用口中的气冲开嘴唇，发出嘟嘟嘟的声音。

（3）打哈欠

打哈欠分为张口打哈欠和闭口打哈欠。

一般情况下，将嘴巴自然打开，尽可能张大一些，保持在打哈欠的状态，同时缓慢用力使得丹田自然鼓起，然后嘴巴继续张开，轻轻地吐气。这种方法属于张嘴打哈欠。另一种方法是闭口打哈欠，即打哈欠时故意不张开嘴，而是使用鼻子吸气和呼气。

（4）跟着节拍呼吸

轻轻地吸气一个节拍，吸入丹田之内，然后闭气保持四个节拍，最后再轻轻地按两个节拍吐气。按照这种节奏保持呼吸。

（5）胸腹联合呼吸法

先轻轻地吸一口气，让胸部、双肩放松，这时感觉气已经进入腹中。当腹部、腰部周围出现明显扩张时，气也被吸到胸部来了，然后再缓缓呼出气，这时小腹和腰部要联合控制住气，尽量不要让气溜走，但腹部这时会随着气在消耗而慢慢向身体内逐渐收缩收紧。胸腹联合呼吸法吸气时范围大、呼气时伸缩性强，可以使演讲者的气息均匀平衡，是值得我们学习的呼吸法。

（6）数数法

这里介绍两种数数法，分别是压腹数数法和气声数数法。

压腹数数法：平躺在床上，在腹部压上一摞书，然后吸足一口气，并始从 1 往后数。这个方式是通过书的重量来对呼气的强度进行训练，以达到增强腹肌和呼气时的控制力度的目的。在做这个练习时，一开始放在腹部的书可以少些，之后再逐渐增加书的数量，要循序渐进，不可一下用力过猛。

气声数数法：先吸足一口气，然后屏息数秒，再从 1 开始往后数数。和压腹数数法一样，在开始阶段数可以数得少一点，之后再逐渐增多数的数量。在数数时要注意，尽量不要让气漏出来。

（7）跑步背诗法

在跑步跑到轻微气喘时停下，尽量用平稳的语气背一首简短的古诗。一首诗背完后，再调节呼吸，然后继续跑步，按之前的节奏训练。需要注意的是，在进行激烈运动时不可进行此项训练。

（8）偷气换气法

选一篇或者一段长句较多的文章，用较快的语速不间断地读下去。在气息不足时，运用“偷气”的技巧，以极快的速度在不为人觉察时吸入一小股气体，把气息补足，再接着读。读完后根据读时的体验确定最佳换气处。换气的时候口鼻并用，注意掌握换气的时间差，不然会打乱读的节奏。

总的来说，不管是对于演讲初学者还是熟练者来说，想要嗓音富于弹性、耐久，需要的是源源不断供给声带气流，这就需要学会气息的控制。只有熟练掌握气息的控制技巧，才能让你的声音变得出色，在演讲中才能达到连贯，而不是磕磕绊绊。所以为了让你的演讲变得更流畅，我们要好好学习这一套技巧并勤加训练。

超能量演说训练

（1）为了有效控制气息，请进行以下练习：

√ 熟练掌握张嘴吐气、张嘴打嘟、打哈欠、跟着节拍呼吸的技巧，并根据技巧进行训练。

√ 胸腹联合呼吸法训练。先慢吸慢呼，慢慢地吸气，然后慢慢呼出。总体要求是站稳，双目平视前方，头正，肩放松，就像在旷野呼吸花香一样。再快吸慢呼，就是快速地吸气，然后慢慢呼出。要点是要快速短促地吸气，并保持气息。呼气时缓缓呼出，配合声音，平稳均匀。

√ 跑步背诗法训练。找一个好朋友，两人并肩一起小跑，找首诗互相配合一句接一句地背下去。要注意背诵时，尽量控制不出现喘息声。

√ 给自己定一个每日气息控制训练必达目标，激励自己。

（2）训练笔记：

____

____

____

3. 共鸣控制技巧与训练

每个人可能都有这样的体会：越在吵闹的地方，为了让别人听见自己在说什么，说话时声音就会越来越大，到最后已经声嘶力竭，嗓子都快喊哑了。其实在演讲的时候也会遇到这种情况，有时在大型或特大型的场合进行演讲时，为了让更多的人听见自己的声音，都会不自觉提高嗓门音调，不久就有了嗓子哑了的感觉。

懂得利用自己声音的演讲者，说话时用在声带上的力量只占总力量的 1/5，而剩下 4/5 的力量则用在控制发音器官的形状和运动上。这种控制发音器官的方法就是共鸣的控制。在声音产生共鸣的过程中，共鸣器官把发自声带的原声在音色上进行修饰，使其更加优美、圆润，同时还能起到保护声带、延长其寿命的功能。

超能量演说有一套共鸣控制技巧：

（1）口腔共鸣

在演讲时，声音多发自中声区，而中声区主要形成于口腔上下。这就决定了用声的共鸣重心在口腔上下，以口腔共鸣为主。口腔共鸣发声最主要的一点，就是发声的时候鼻咽要关闭，不能产生鼻息泄露。我们可以用开口元音为主练习：

ba da ga pa ta ka peng pa pi pu pai

在进行开口元音练习的时候，用的多是第一声声调，这有利于体会声音和气息的共鸣。在进行开口元音发音时要注意下巴放松和喉部放松，双唇用力紧闭。再活动脸部肌肉，将嘴角上提，这时的口腔共鸣会加大。如果你没有感觉，也可以通过张口吸气或者“半打哈欠”的方法来感觉体会喉部、舌根、下巴的放松。

此外，还可以进行词组或者绕口令的练习：

【词组练习】

澎湃　冰雹　拍照　平静　抨击　批评

哗啦啦　噼啪啪　咣啷啷　扑嗵嗵　呼噜噜

快乐　宣纸　挫折　菊花　捐助　吹捧　乌鸦

【绕口令】

山前有四十四棵死涩柿子树，山后有四十四只石狮子，山前的四十四棵死涩柿子树，涩死了山后的四十四只石狮子，山后的四十四只石狮子，咬死了山前的四十四棵死涩柿子树，不知是山前的四十四棵死涩柿子树涩死了山后的四十四只石狮子，还是山后的四十四只石狮子咬死了山前的四十四棵死涩柿子树。

通过讲词组和绕口令来体会说它们时声音和气息的共鸣控制。

（2）胸腔共鸣

人身体里胸腔的空间是很大的，用胸腔共鸣的能量也大。在演讲时运用胸腔共鸣可以让演讲者发出的声音更有深度和宽度，更加浑厚和宽广。要学会运用胸腔共鸣，具体可以进行“a”元音直上、直下、滑动的练习，也可以进行说词组体会胸腔共鸣的练习：

【词组练习】

百炼成钢　翻江倒海　追悔莫及

小柳树　满地栽　金花谢　银花开

（3）鼻腔共鸣

鼻腔共鸣是通过软腭来实现的，比如鼻辅音 m，n 就是通过软腭发声的。在演讲中，适时地使用鼻音会显得声音好听、有厚度。但是鼻音如果使用得过重就会让声音变得像感冒一样让人听不清，这是不可取的。

我们可以发 a 、i 、u 的音，加点鼻腔共鸣来体会鼻腔共鸣的感觉。或者加鼻辅音 ma、mi、mu、na、ni、nu 来练习体会鼻腔共鸣的感觉。

我们还可以进行练习体会鼻腔共鸣：

【练习】

妈妈　光芒　中央　接纳　头脑

蓝蓝的天上白云飘，白云下面马儿跑，挥动鞭儿响四方，百鸟齐飞翔……

（4）头腔共鸣

在有魅力的声音中，头腔共鸣是最重要的组成部分。在演讲中头腔共鸣的运用可以使声音变得更加明亮而富有光彩，同时增强声音的穿透力。

头腔共鸣是由于说话时声音的震动频率引起了头部上前方的蝶窦空间的共鸣震动而产生的。所以想要获得头腔共鸣必须先具有鼻腔共鸣和口腔共鸣，不然头腔共鸣是难以独自掌握的。在训练头腔共鸣时，必须先建立头腔共鸣正确的呼吸点、发声点和共鸣位置点，只有在这三者协调运动的基础上头腔共鸣才能实现。其中共鸣位置点最难找到，我们可以通过九十度敬礼的方法来找到共鸣位置点。就是低下头，做九十度敬礼，同时嘴里唱“mo”这个音节，这时你就会有头腔共鸣的感觉，然后找出共鸣位置点。在感觉出共鸣位置之后，再慢慢把头抬起，进行头腔共鸣练习。

总的来说，想要将演讲的声音发挥好，共鸣训练必不可少。在演讲中，学会控制共鸣，会让你的演讲变得轻松许多，还能提高你声音的质量。在演讲的高潮阶段，合理运用共鸣控制技巧，能让你声音里的感情和情绪完美地迸发出来。我们在练习共鸣控制时，要先训练口腔共鸣和胸腔共鸣，它们是基础，然后在此基础上来训练鼻腔共鸣和头腔共鸣。

超能量演说训练

（1）为了有效学习共鸣控制技巧，请进行以下练习：

√ 每天早晨，找一个空旷的地方进行四种共鸣的训练。按照上面的方式进行读词组、背绕口令的训练。

√ 找到绕口令之间的关联。先进行口腔共鸣和胸腔共鸣的训练，然后再进行鼻腔共鸣和头腔共鸣的训练。

√ 去 KTV 唱歌或者朗读诗歌。在唱歌高音部分或者是朗读高潮部分时，注意共鸣控制，从中触类旁通，吸取经验，发现问题，让演讲的共鸣控制取得更好的效果。

√ 给自己定一个每日共鸣控制训练必达目标，比如今天要熟练掌握口腔共鸣技巧，明天要熟练掌握胸腔共鸣技巧等，以此来激励自己进行共鸣控制训练。

（2）训练笔记：

____

____

____

____

____

4. 声音弹性技巧与训练

声音的弹性指的就是声音的伸缩性和可变性。只有弹性的声音才能适应人们思想感情的变化和说话的需要。而在演讲中，演讲者的声音弹性就是演讲者的声音随着演讲内容中思想感情的变化而变化的能力。只有在演讲中灵活地控制声音弹性，并在适当的地方运用，才能让演讲随着内容的变化而改变的感情通过声音的变化表现出来，让听众能通过声音感受到演讲者的内心世界。如果不会合理运用声音弹性，那么演讲者演讲时声音就不会有起伏，就不能很好地展现演讲者随着演讲内容变化而随之变化的情绪，那么演讲就会变得沉闷，让听众感受不到演讲者的内心世界。

超能量演说有一套声音弹性技巧：

（1）思想感情的运动

思想感情的运动是取得声音弹性的内在依据。它要求演讲者要根据演讲的内容，深切地体会其中情感的细微变化，并且要用声音表达出来。所以，声音弹性训练要在一定的语言环境下进行，而不能脱离语言环境只去训练声音的音高、音强、音长、音色等表面的变化。我们要的是有声语言随着思想感情的运动而运动，不是单纯声音音调的变化。

（2）气息的变化

气息随感情的变化而运动也是声音弹性的重要组成部分。气息是人在发声时的动力。一般来说，人在放松时大多以腹部进行呼吸，而在发力或有紧张情绪时，大多以胸部呼吸为主。腹部呼吸时声音会显得低沉并且来自胸部的音会较多，胸部呼吸时声音则显得高亢且清亮，这些都是由于感情和气息变化而引起的声音变化。由此可见，气息的变化是感情与声音弹性之间的桥梁，两者不可分开。

（3）发声能力的扩展

发声能力是指对吐字、用声、呼吸、共鸣等声音各个要素的控制能力。而发声能力的扩展则是指在发声时既要有所控制，又要有所变化，这有利于声音弹性的加强。

一些演讲的初学者常常强调演讲时的状态而忽视了此时环境的变化。比如在演讲中，特意加重了某一个字的读音，通过强调这个字的力度，来体现此时情感的改变，但是却忽视了在真实表达中这个字所表达出的情感并不强烈，完全不需要加重读音。这时就需要扩展发声能力来进行声音弹性的控制。

（4）从情到声

只有根据情感的变化才能进行声音的变化，而不是根据声音的变化来进行情感的变化。也就是说，只有符合思想感情要求的声音变化，才是正确的、有意义的。

总的来说，想要控制好声音弹性，要先进行感情体验，这是基础。在此基础上，通过气息变化的桥梁连接你的发声能力，用从情到声的方法控制声音弹性。我们要注意在声音弹性的各个环节中，对发声的调节和控制都要适当，这样才能控制好声音弹性。而在任何一个环节中过度地表现都会成为控制声音弹性的障碍。比如，声音音量的忽大忽小和音调的忽高忽低、口腔张开的忽大忽小和控制的忽松忽紧等。在这些情况下想要控制声音弹性就很难。我们必须要按照声音弹性的技巧进行训练，争取掌握好声音弹性。

超能量演说训练

（1）为了有效学习声音弹性技巧，请进行以下练习：

√ 扩展音域，加大音量，控制气息。在练习时，要注意声音的高低、强弱、虚实、刚柔、厚薄、明暗等变化。我们可以通过练习 a、i、u 进行由低音向上滑动，再从高音向下滑动的训练。也可以通过 a、i 绕音，进行螺旋式上绕、下绕练习。

√ 读古诗词训练。古诗词是练习声音弹性的好材料。每天通读古诗词，朗读时要有气息贯通而有深浅、多少、急徐等方面的变化。练读时应注意虚实明暗，强弱高低，刚柔断连的处理。比如读李白的《早发白帝城》，练读时就应感悟思想感情的变化，将作者喜悦的情感融于作品的场景之中，实现声音的弹性。

√ 给自己定一个每日声音弹性训练必达目标，比如今天要熟练掌握思想感情运动的技巧，明天要熟练掌握发声能力的扩展技巧等，以此来激励自己进行声音弹性训练。

（2）训练笔记：

____

____

____

____

____

____

5. 吐字清楚技巧与训练

在演讲中，吐字清楚，把话清晰地说出来是最基本也是最重要的能力，也是我们提高自己表达技巧的第一步。而想要吐字清楚，就必须要发音准确。毕竟一位演讲者即便经历丰富，充满智慧，但是在演讲时发音不准确，吐字不清楚，就会导致听众听不清，不知道演讲者在说什么，不能和演讲者进行思想上的碰撞。既浪费了演讲者的才华，也是听众的损失。反之，如果演讲者吐字清晰，能准确地将想说的内容清楚地表达出来，就不会出现这种听众云里雾里，不知道演讲者在说什么的情况了。具体可以通过训练掌握吐字清楚的技巧。

超能量演说有一套吐字清楚技巧：

（1）字头

一个字的发音中字头音发得好，能够咬住，会带给听众不一样的感受。所以我们在发音时，一定要紧紧地咬住字头。就是发音时嘴唇要有力度，将力量都放在字头上，同时还要为字腹和字尾的发音做铺垫。

（2）字腹

字腹是一个字发音的中间，它的发音一定要饱满、充实。要给人一种直立起来，圆融无缺的感觉，这样声音就会显得很圆润。但是，字腹的发音如果处理不好，就容易使发出的声音变得干扁，给人一种要倒下去的感觉，这样声音就会显得不够圆润。

（3）字尾

字尾是一个字发音的结尾，它主要是归音。不要念“半截”字，要把一个字的音发完整，发到位。在发音时要注意，字尾要能收住，不能把尾音拖得太长，否则听众听了就会觉得很奇怪。

总的来说，每一个字都是由一个音节组成的，而一个音节又分成字头、字腹、字尾三个部分。所以想要做到演讲时吐字清楚就必须熟悉这三个方面的技巧并加以训练，掌握音节的组成，那字的读音也就清楚了。

除了掌握这三部分的技巧，我们还要注意改止一些发音吐字方面的坏习惯。比如吐字时用鼻音，这会让声音音色显得暗淡，让人听起来就像感冒了一样；还有用喉音，这会让声音闷在喉咙里，让声音音色显得生硬、沉重、弹性差。只有矫正了这些吐字方面的不良习惯，我们才能真正做到发音圆润动听，吐字清晰悦耳。

超能量演说训练

（1）为了实现演说中吐字清楚的目标，请进行以下练习：

√ 速读法训练。选一篇文章进行速读，不要求对其中的标点和情感加以关注和修饰，只要求以最快的速度读完，并且每个字都必须读得清楚。在练习过程中可以准备一个录音机进行录音，在读完后听一下录音，找出哪些字词发音还比较模糊，并在下一次的练习中加以注意改正，争取不再犯一样的错。

√ 含石子训练。在河边找一颗干净光滑的石子，含在嘴巴里，然后朗读文章，要尽自己最大努力把字说清楚。在练习时吐字可能会很别扭，舌头也容易累，但没关系，只要坚持这个方法训练一段时间，你会发现自己的吐字渐渐变得清晰起来。

√ 字母发音训练。找一本词典，翻看上面的拼音，重新了解一下字母的发音。比如“a”要怎么读，嘴形是什么样，要从嘴里哪个部位发音，在什么时候应该重读，什么时候应该轻读。其实很多时候我们觉得吐字不清楚，一部分原因就是因为字母的发音抓得不标准，将字母的发音训练标准了，吐字清楚方面一定会大有进步。

√ 模仿法。我们可以在网上找一些专业的朗读音频进行学习，也可以跟着电视、广播里的那些发音正确、吐字清晰的主持人进行模仿。学习他们的发音、吐字、词句间的停顿，让自己的吐字变得清楚。同时也可以用录音机进行录音，训练完后与模仿的进行对比，找出不足的地方，并在下一次的训练中改正。

√ 给自己定一个每日吐字清楚训练必达目标，比如今天进行速读法训练，明天进行含石子法训练等，以此来激励自己进行吐字清楚训练。

（2）训练笔记：

6. 演讲朗读技巧与训练

在演讲中，朗读是一种常用的语言表现形式，它将书面的内容通过语言的技巧性加工，准确而又生动地表达出书面内容所要表达的思想感情。在演讲中朗读，演讲者可以与听众进行更加深入的信息、思想和情感交流，从而感染听众，与听众在思想感情上形成强烈的共鸣，来打动听众。朗读效果好，在演讲中就会为你增色不少，让你的演讲更有魅力；但朗读效果如果不好，反而会画蛇添足，让你的演讲失色不少。

超能量演说有一套演讲朗读技巧：

（1）朗读的基本要求

发音要准确，吐字要清楚；

语速要适中，快慢要得当；

语调要自然，语句要流畅；

声音要洪亮，朴实和明朗；

节奏要分明，变化要有序；

表达要准确，生动和自如；

表情要适度，自然和大方。

（2）朗读的停顿

朗读中的停顿，主要包括语法停顿、逻辑停顿和结构停顿三种。

语法停顿是朗读中每一个句子中的间歇，是用来反映句子语法关系和地位的。比如平时所说的标点符号，我们就需要在这里进行停顿。

逻辑停顿是为了适应一定的语言环境，毕竟有些句子没有标点符号，但要停顿。这时就可以根据表达情感的需要，在需要停顿的地方适当停顿。也可以把需要语法停顿的地方做时间上的变动，来突出某一事物、某种感情或者某个特定的语意。

结构停顿是每一个段落间的停顿。在每读完一个自然段以后需要停顿一下，以表示朗读的某一个想法到此告一段落，下面要开始新的想法了。而停顿时间的长短，则主要根据不同段落的结构情况而定。

（3）朗读的重音

在朗读中，把表现内容、情节和思想情感有突出作用的字加重语气读叫作重音。我们一般通过朗读时的力度和速度变化并且配以拖音来实现重音。一般重音包括语法重音和逻辑重音两类。但在一些语言环境里，语法重音要服从逻辑重音。

语法重音：根据词语在句子中所处的地位，以及上下文的关系所确定的重音。

逻辑重音：在一定的语言环境下，根据需要临时确定的重音。因为它不像语法重音那样有规律可循，所以有时候，在不同的语言环境和不同的情感支配下，同一个句子有不同的重音。

（4）朗读的语气

朗读的语气是指朗读时根据内容的变化，语言随之变化所流露出来的气韵。它可以通过高低、强弱、快慢、虚实等声音的表现形式来表现内容的思想情感，让听众直观地通过语气的变化知道感情的变化。

一般思想感情表现出来时语气的变化有以下几种：

爱的感情，语气一般是舒缓的，温和的；

恨的感情，语气一般是生硬的，挤压的；

喜的感情，语气一般是高昂的，跳跃的；

悲的感情，语气一般是沉缓的，阻滞的；

惧的感情，语气一般是抖动的，衰竭的；

急的感情，语气一般是短促的，紧迫的；

冷的感情，语气一般是平稳的，冷寂的；

怒的感情，语气一般是粗重的，震慑的；

疑的感情，语气一般是细缓的，踟蹰的。

朗读中语气的语调，是根据语句读音的变化而变化的。因而朗读时必须根据语言环境、人物性格、情感变化等需要，将语调做适当的调整。

语气的语调有以下几种：

平直调。朗读时语气平直舒缓，不宜用太大的力度。在一般性的说明和叙述句，或者表示冷漠、悲痛、庄严的感情时可以用平直调；

升语调。语句的读音和力度从低向高，从弱到强逐渐上升。一般在表现呼唤、疑问、反问、惊讶、惊异、愤怒、命令等情感的语句中使用；

降语调。语句的读音和力度从高到低，从弱到强逐渐下降。一般在表现赞扬、祝愿、坚决、自信、失望、悲伤等情感时使用，也可以在开头强调的重点部分使用；

曲折调。语调的高低、力度不断变化，一般在表示惊讶、怀疑、讽刺、双关、犹疑等不定变化的情感时使用。它有两种形式：一是句子被突出强调的重点在中间部位时使用，二是句子被强调的重点在其两端时使用。

（5）朗读的节奏

在朗读中，节奏是掌控全文感情轻重缓急和语调抑扬顿挫的方式。虽然要立足于作品的全篇和整体来把握节奏，但掌控节奏起决定作用的依然是文章的内容和感情。演讲者可以根据以下方法确定节奏：

①根据内容确定朗读节奏

一般来说，在读到描写紧张、热烈、激动、兴奋、愤怒、急躁、惊慌、斥责、申辩等内容时，朗读的节奏应该加快。在读到描写叙述、景色、沉痛、思念、自省、行动迟缓、气氛庄严、生活凄惨等内容时，要读得慢一点。

②根据情感色彩确定朗读节奏

一般来说，当读到带有喜爱、兴奋、愉快、惊喜、威胁、恐吓、惊惶等情感时，朗读节奏度应该加快。当读到带有畏惧、悲痛、祈求、自在、思念、失望、犹豫、遗憾、惋惜、沮丧、懊悔、哀怜、蔑视、幽默讽刺等情感时，朗读的节奏应该减慢。

总的来说，朗读是我们把纸面上呆板的文字转化为美的语言的一种方式。在演讲中，朗读也大有作用。但演讲中的朗读，需要非常强的口语技能。所以，演讲者要熟练掌握上面的演讲朗读技巧，并且勤加练习。只有在实践中不断地训练、揣摩、感受和领悟，才能让自己的朗读能力和水平不断提升。当你有了一个比较好的朗读水平时，你会终生受益。因为这会让你坚定信念，在演讲中充满魅力。

超能量演说训练

（1）为了有效学习朗读技巧，请进行以下练习：

√ 找几个朋友，让他们做你的听众。根据上面的朗读技巧，你可以读诗歌、散文、小说，注意停顿、重音、语气、节奏。训练完后，让朋友给你说说他们的感受，并提出意见进行改正。你也可以进行录像，训练完后观看，从中找出不足并进行改正。这个练习需要坚持每天练习，才能显现出效果。

√ 每天早上，到人多的地方，把行人当成你的听众，大胆地朗读文章，锻炼自己的自信心，让自己不再害羞。

√ 在网上找一些朗读视频，学习他们朗读时的停顿、重音、语气、节奏，从中找到值得自己借鉴的地方，学习并融入自己的朗读中。然后，再进行训练，训练完后与原版的进行对比，找出自己朗读中不足的地方，并在下一次的训练中加以改正。

√ 给自己定一个每日演讲朗读训练必达目标，比如今天去人多的地方进行训练，明天从网上找朗读视频进行学习等，以此来激励自己进行演讲朗读训练。

（2）训练笔记：

第4章

肢体训练：如何运用肢体动作

★学习导航

通过本章学习，你将能够：

- 了解演说家应该进行肢体训练的重要性。
- 学习和了解各种肢体训练的方法。
- 掌握如何科学运用肢体动作，让演讲变得更精彩。

1. 微笑技巧与训练

微笑是我们与他人进行沟通时最重要的法宝。两个人第一次见面，即使没有说话，但一个微笑仍然可以让别人感受到你的善意和魅力。在演讲中，微笑有至关重要的作用，一个自信又不失亲和力的微笑可以让你魅力大增，让你的演讲更有感染力。

很多人说有魅力的微笑是天生的，其实不然，我们可以依靠后天的训练来拥有这样的微笑，在演讲台上纵横驰骋。

微笑训练主要以训练掌控面部肌肉，尤其是嘴部肌肉为主。嘴形如何变化，嘴角朝哪个方向动，露出来的微笑都不同。

超能量演说总结了一套微笑训练技巧：

（1）放松嘴唇周围肌肉

我们可以进行“梭拉西”的发声练习，从低音到高音。一个音节接一个音节的，大声且清晰地将每个音说 3 次。发音时应注意嘴形符合发出的音（也可以做口部操来放松嘴唇周围肌肉）。

（2）增加嘴唇肌肉弹性

张大嘴巴：持续 10 秒左右。将嘴巴尽可能地张大，让颚骨有刺激性感觉才合格。

嘴角紧张：持续 10 秒左右。闭上嘴，拉紧两边的嘴角，使其尽可能地紧张。

嘴唇聚拢：持续 10 秒左右。在嘴角紧张时，慢慢聚拢嘴唇，形成一种圆圆地聚拢在一起的感觉。

对以上动作反复练习 3 次，每次维持微笑 30 秒左右。同时，你也可以做口部操来增加嘴唇肌肉的弹性。

（3）形成微笑

在全身放松的状态下，对着镜子露出笑容。形成你觉得最满意，最自信，最适合你在演讲台上的微笑。保持 30 秒后，再恢复放松，形成微笑，循环往复。

一般会形成 3 种微笑：

小微笑——嘴角两端一起稍微往上提，使上嘴唇有紧张感，仅微露两颗门牙。

普通微笑——缓慢让嘴唇肌肉紧张，嘴角两端上拉，给上嘴唇以渐强的紧张感，露出上嘴唇牙齿 6 颗左右。

大微笑——直接拉紧肌肉，让上嘴唇直接强烈地紧张起来，嘴角两端一起直接往上提，露出上嘴唇牙齿 10 颗左右。

（4）保持微笑

对着镜子保持你最满意的笑容，带着这种微笑出去面对任何人。把所有人都当成听你演讲的听众，时刻对他们保持你最满意的微笑，直到你可以在演讲时直接露出你最满意的微笑，你就成功了。

希尔顿酒店对员工的第一点要求就是要时刻保持对客人的微笑。“希尔顿酒店服务员脸上的微笑永远是属于旅客的阳光”，这一点永远是希尔顿酒店高于一切的经营方针。正是因为他们时刻保持微笑，让旅客有一种宾至如归的感觉，才造就了希尔顿酒店不到 90 年就从最初的 5000 美元发展到几百亿美元的奇迹。

保持微笑让希尔顿酒店获得了旅客的心，让旅客更愿意住在希尔顿酒店，留住了回头客，成为希尔顿酒店成功的基础。希尔顿酒店保持微笑的作风可以让旅客感觉宾至如归，同理，演讲者们保持微笑也可以让听众如沐春风，从而抓住听众的心，让演讲更成功。

（5）修正微笑

对着镜子观察你微笑中不好看的、不能在演讲台上体现魅力的地方，然后进行修正。一般情况下需要注意两点：

①微笑时露出牙龈。很多人微笑都会露出牙龈，有的人就因此自卑，显得不自信。但是当你站在演讲台上的时候，如果你的微笑让听众觉得放松自然又大气自信，那么即便露出牙龈也没什么问题。如果你不想露出牙龈，可以通过训练嘴唇肌肉来实现。

②嘴角上扬时歪斜。在演讲中，整齐上扬的嘴角不但使你看起来更加平和，也更加有魅力。而嘴角上扬时歪斜则会显得你肌肉在抽搐，有些狰狞，给听众带来不好的观感，也会让你的演讲大大减分。

空姐训练微笑时，先用上下两颗门牙咬住筷子，看看嘴角是否已经高于筷子，然后嘴角最大限度地上扬，保持这个状态，拿下筷子，这时的嘴角就是微笑的基本形式，能够看到八颗牙齿。然后，再轻轻咬住筷子，发出“yi”的声音，嘴角上下往复运动来进行调整。

空姐通过不断的练习来修正自己的微笑，最终才有了那些美丽的笑容。我们也可以通过不断的练习来修正自己的微笑，让自己在演讲台上时刻绽放魅力。

（6）修饰有魅力的微笑

对着镜子挺直胸部和背部，形成一个饱含感情又发自肺腑的真诚的微笑，而这就是你最有魅力的微笑。抓住它，并进行修饰，把微笑做到最好。

总的来说，在演讲中拥有充满魅力和自信的笑容会让你的演讲变得魅力十足。而那些肌肉僵硬、皮笑肉不笑、尴尬的笑容则会让你的演讲显得没有光彩，让听众提不起精神。

超能量演说的微笑技巧能迅速帮助一些演讲初学者掌握演讲者所应该具有的微笑技巧，增加演讲时的亲和力，让你的演讲更加成功。同时它也是一套值得我们反复学习练习的微笑训练技巧。

超能量演说训练

（1）为了实现演说中拥有魅力微笑的目标，请进行以下练习：

√ 每天对着镜子，根据微笑训练技巧努力练习微笑。

√ 根据自身情况，选择出你认为最适合你的微笑。

√ 给自己定一个每日微笑训练必达目标，比如今天该训练哪种微笑，今天该怎样训练微笑，以此来激励自己从现在就开始训练微笑。

（2）训练笔记：

2. 眼神技巧与训练

眼神是面部表情最生动的部分。在进行演讲时，运用好眼神可以完美地展现演讲者当下所要表达的情绪，让听众最直观地看到演讲者的激情。但是很多演讲者在演讲时，都会出现眼睛看向别处的行为，不与观众进行眼神沟通。这样的演讲就算讲得再好，注定是失败的。想让自己的演讲更有吸引力，就必须掌握合理运用眼神的技巧。那在演讲中该怎样合理运用眼神呢？

超能量演说有一套眼神运用技巧：

（1）点视法

在演讲中，目光先注视某一位听众，与其进行眼神交流。再与听众进行游走对视，与每一位听众都进行眼神交流，形成心灵与心灵的对话。这在演讲中可以让听众在心里增加对你发言的兴趣，也可以让听众更加认真地听你发言，从而得到一种被演讲者尊重的满足感。点视法主要用于人数不是很多的演讲场合，听众在100人以下可以用点视法。

（2）扫视法

在演讲中，将视线从左到右，从前到后的来回慢慢移动，一轮一轮地扫视听众。这在演讲中可以让演讲者与听众的眼神进行广泛的接触和交流，让演讲者了解听众的反应和内心的情绪。从而可以及时调整自己的演讲方法，让语言表达能达到一个更完美的状态，取得最好的效果。扫视法一般用于比较大的演讲场合，听众在100人以上可以用扫视法。

（3）虚视法

在演讲中，演讲者将目光分散，不集中在某一位听众身上与其单独进行眼神交流，而是将目光分散在听众席的中间部分和后面部分来进行广泛的交流。这个技巧需要演讲者把自己80%的注意力集中在演讲和内容上，而非听众上。虚视法常用于特大型演讲场合，听众在1000人以上可以用虚视法。

如果在演讲一开始时演讲者有一双炯炯有神的眼睛，就可以给听众留下很好的印象，那么演讲就已经成功了一半。所以在演讲台上，演讲者的目光不能畏畏缩缩，要自信且大方地与听众对视。要先让听众对你充满信心，你的演讲才能充满激情。

总的来说，通过以上三种方法，我们可以知道在演讲中什么时候用什么眼神才是对的。对于演讲初学者来说，明白且熟练运用眼神技巧可以让你显得自信而不怯场，让听众更有兴趣听你演说。而在很多大型场合或者特大型场合演讲，演讲者都需要同时运用这三种方法与听众进行互动，只有这样才能放大演说的光彩！

超能量演说训练

（1）为了拥有生动的眼神，请进行以下练习：

√ 进行点视法练习。在一个黑屋子里，点燃一炷香，眼睛盯着它不动，持续半个小时左右。每天坚持，很快你就能有一双泛着光彩炯炯有神的眼睛了。

√ 进行扫视法练习。在一个大的方形里，画上箭头沿顺时针方向运转。眼睛按照箭头方向运动，在这个过程中头部要保持不动。

√ 进行虚视法练习。在人群中，把所有人都当作你的听众，眼神分散，眼睛四处游视，在这个过程中头部要保持不动。

√ 给自己定一个每日训练必达目标，以此来激励自己。

（2）训练笔记：

3. 手势技巧与训练

在演讲中，手势运用得好可以让演讲者的演说更加的生动、活泼和自然，极大地增强演讲者声音的感染力。一个会运用手势的演讲者可以在演讲的关键点通过手势让自己的情绪得以发泄，通过手势让听众看到自己内心澎湃的激情，同时也可以通过手势和听众进行互动，让听众也充满激情。如果一个演讲者不会运用手势，那他的演讲将是乏味的，没有乐趣的，让听众提不起劲来。所以说，想要进行一场出彩的演讲，手势的运用是至关重要的。作为一个合格的演讲者，必须学会合理运用手势，掌握运用手势的技巧。

超能量演说有一套手势运用技巧：

（1）切菜

将右手掌放于胸前，但不贴胸，大拇指与食指之间角度为60～75度，其余四指并拢，然后手掌向前切出，切出幅度分为小、中、大三个幅度。左手同理。需要注意的是，将手掌置于胸前是单手势练习的标准式，待熟悉后可以自然运用，不用每个手势都把手置于胸前。

比如“各位朋友，大家好”这句话，其中说“各位”时，手势向前小切；说“朋友”时，手势向前中切；说“大家好”时，手势向前大切。

这句话运用的手势幅度从小到大，在最后的“大家好”进行强调，配合语言给听众一种自信和充满激情的感觉。在演讲一开始，就调动起了气氛。

（2）炒菜

将右手掌放于胸前，不贴胸，和下巴在同一条水平面，大拇指与食指之间角度为60～75度，其余四指并拢，然后手掌从身体中部向右—向下—向中—向上画弧线，似炒菜的动作，动作分为小、中、大三个幅度。

（3）拍菜

将右手掌放于胸前，但不贴胸，大拇指与食指之间角度为60～75度，其余四指并拢，然后手掌从胸前向前拍出，分为小、中、大三个幅度。这个手势表示“向前”“希望”等含义，代表坚定和力量。

（4）扔菜

将右手掌放于胸前，不贴胸，大拇指与食指之间角度为60～75度，其余四指并拢，然后手掌从胸前向右画弧，再回到胸前，再向右画弧，循环往复，动作分为小、中、大三个幅度。

（5）上菜

将右手掌放于胸前，不贴胸，大拇指与食指之间角度为60～75度，其余四指并拢，然后手掌从胸前向前翻出，掌心向上，掌背向下，动作分为小、中、大三个幅度。这个手势向上抬代表了“赞美”“欢欣”之意，平放代表了“乞求”之意，放低代表了无可奈何、坦诚之意。

（6）端菜

将右手掌放于胸前，但不贴胸，大拇指与食指之间角度为60～75度，其余四指并拢，然后手掌从胸向下—向上画弧。向下时手心向下，向上画弧时手心向上，动作分为小、中、大三个幅度。

（7）点菜

将右手握拳放于胸前，但不贴胸，拳头与下巴在同一水平面，然后伸出食指，同时向前伸出手臂，动作分为小、中、大三个幅度。这个手势有“注意”“提醒”之意，有很强的针对性和指示性。

（8）锤菜

将右手握拳放于胸前，但不贴胸，拳头与下巴在同一水平面，然后向前猛的一下伸出手臂，动作分为小、中、大三个幅度。这个手势手在胸前，表示坚定、有力、示威；手高举过肩，表示呐喊、激动、兴奋。

总的来说，手势在演讲中对演讲者抒发感情、拉近与听众的距离，让听众更加认可演讲者有着重要的作用。作为演讲者想要进行一场能获得听众满堂喝彩的演讲，就必须熟练掌握手势的运用技巧。只有这样，才能更好地传递情感，协调整场演说的节奏。因为几乎所有的手势都是由这八个标准手势演变而来，所以我们要熟练掌握这一套标准手势，在演讲中灵活使用。

超能量演说训练

（1）为了实现演说中拥有出彩手势的目标，请进行以下练习：

√ 对着镜子，根据手势训练技巧努力练习以上八个标准手势，争取随时都能熟练地运用这八个手势。

√ 根据演讲时的语气和语境，确定自己在什么时候用什么手势最合适，并自己编一些语境，体会不同感情时用什么手势。

√ 根据这八个标准手势开发出一套适合自己、有自己特色的手势。这样在演讲中加以运用，可以使演讲更有特点，更加出彩。

√ 给自己定一个每日手势训练必达目标，比如我今天练习了什么手势，我在什么语境下用了这个手势，以此来激励自己。

（2）训练笔记：

4. 步法技巧与训练

步法是一个人站立时候的姿势，我们从一个人站立的姿势就可以看出这个人当前的精神状态。而在演讲台上，步法姿势有着更重要的作用。一个好的步法姿势可以让演讲者在演讲时显得身形更加挺拔，给听众一种昂扬向上、朝气蓬勃的感觉，同时也表现了演讲者强大的自信。但一个糟糕的步法姿势却只会让听众觉得演讲者不够尊重他们，而且没有自信，最后可能导致整场演讲的失败。所以我们必须要学会正确的演讲步法姿势技巧。

超能量演说有一套步法姿势训练技巧：

（1）立正步

演讲者身体站直，头部不能歪斜，要和身体保持在同一条直线上。同时两眼平视前方，不要左顾右看，让自己的整个身体挺拔端正，两脚脚后跟并拢，脚尖之间大约有一寸的距离。演讲者刚站上演讲台，用立正步，会给听众带来有精神、有活力的感觉。

（2）正立

正立与立正步姿势基本相同，只是脚尖之间距离为 10 ～ 20 厘米。

一般来说，演讲者的话题内容比较严肃时可以用正立步法。需要注意的是，演讲台上的正立站姿不要和军队的正立站姿弄混。演讲台上的站姿不要两脚与肩同宽。在实际的演讲过程中，如果两脚与肩同宽，会很不雅观。这个自己可以在家照镜子进行练习。

（3）稍息步

演讲者身体站直，一脚在前，一脚在后，呈“八”字形。在演讲台上，男士的稍息步两脚尖距离为20～30厘米；女士的稍息步则可以两脚靠拢，不留间距。当演讲者在台上站立一段时间后，感觉有些累，内容讲开了，可以用稍息步让自己舒服一些。

（4）丁步

演讲者一只脚完全着地，另一只脚脚尖着地，脚后跟稍稍离地，两脚要并列在同一条水平线上。此步法主要用于演讲过程中的部分内容或者现场演讲达到高潮时，可以更好地表达演讲者的激情，有时也可以配合手势运用。

（5）斜步

演讲者一只脚在前完全着地，另一只脚在后，且脚尖着地，脚后跟离地，两脚不在同一条水平线上。此步法主要用于演讲过程中的部分内容或者现场演讲达到高潮时。

总的来说，良好的步法可以使演讲者提升自己的精气神，让自己在演讲中更有激情，也可以让听众更加直观地看到演讲者的精神面貌，更加直接地看到演讲者的实力。如果演讲者不注重自己的步法姿势，就会形成颈部前伸、塌腰挺肚、驼背、胸部不挺括、耸肩等问题。那么你一站上演讲台就会让听众觉得这人不够精神，从而不愿意听你的演讲，那你的演讲就完全失败了。所以初学者要熟练掌握步法技巧演讲，平时也要勤加练习，这会让你的演讲更上一层楼。

超能量演说训练

（1）为了实现演说中拥有出正确步法姿势的目标，请进行以下练习：

√ 进行身体站直训练。拉伸脖子，挺直脊椎，不抬下巴，让全身形成一条直线。

√ 进行靠墙站练习。可以背靠墙，让头部和肩、脚、臀尽量靠向墙。可以在这种状态下练习立正步、正立、稍息步、丁步、斜步等站姿。

√ 给自己定个每日训练必达目标，以此激励自己。

（2）训练笔记：

5. 肢体语言组合技巧与训练

演讲者不仅需要掌握不同的肢体语言，还要懂得根据不同的情况组合运用。超能量演说总结了肢体语言的组合技巧：

（1）演讲初期

在演讲初期，为了表明演讲者已经做好演讲的准备，同时也让听众明白演讲开始了。演讲者刚站上演讲台时，步法为立正步，双手可以自然地垂在两侧，并且展露你练习好的最自信、最有魅力的微笑，这样也可以显得演讲者精神昂扬。

演讲者说完开场语，正式进入演讲正文时，可以同时用眼神和听众进行沟通和交流。根据演讲现场听众的数量来确定运用什么眼神：听众在 100 人以下用点视法，100 以上 1000 人以下用扫视法，1000 人以上用虚视法。

随着演讲内容的逐步推进，演讲者语气的变化，演讲者可以运用上手势。演讲者可以根据演讲的内容运用前文讲的八个基础手势，也可以运用自己在八个基础手势的基础上研究出的属于自己的独特手势。演讲者也可以根据演讲时的语气熟练转换手势的切出幅度。同时，演讲者的步法也可以切换成立正步，这需要演讲者在演讲时灵活运用。需要注意，演讲者全程都需要面带微笑。

（2）演讲中期

到了演讲中期，随着演讲内容的逐步深入，以及演讲者在演讲台上站立时间的增加，演讲者的步法可以切换为稍息步，让自己更舒服一些。

如果演讲到了高潮，演讲者可以将步法转化为丁步或斜步，或者在讲台上适当地动一动；同时配合手势的运用，这时要运用大幅度的手势来表现自己情绪的爆发。而在运用手势时，眼神也要同时跟着运用，小的演讲场合就运用点视法，更好地和听众实现交流，获得认同；大的或者特大型的演讲场合，则同时运用扫视法和虚视法。

演讲高潮阶段，先用虚视法来达到最佳的情感流露效果。再用扫视法，来把控全局，观察场面的气氛和听众的反应。根据听众的反应及时对自己的演讲进行调整。但是一定要注意，演讲中手势的运用要有节奏。同时手势的方式要与演讲者要表达的内容一致，要和内容的时间同步，要和眼神的运用一致。因为任何手势的运用都不应该干扰演讲者观点的表达，所以演讲者的手势运用一定要自然，应该有助于阐明并强调你的观点。如果做不到，那演讲者就不需要做手势，应集中精力用于和观众的交流。

（3）演讲后期

到了演讲后期，演讲已经接近尾声，随着演讲内容的推进，演讲者可以根据演讲的内容和现场的气氛灵活运用手势。到最后谢幕时，步法要换为立正步或者正立，这样向听众致谢时才会让听众觉得演讲者尊重他们。如果这时用丁步或斜步那就不好了。同时谢幕时，还要用虚视法或扫视法和全部的听众进行眼神交流，让所有的听众都认为你在和他们道别。演讲者要给予听众充分的感谢，要注意，在这个过程中演讲者要全程保持最有魅力的微笑。

超能量演说训练

（1）为了实现演讲中拥有灵活运用肢体语言组合的目标，请进行以下练习：

√ 对着镜子，想象演讲的情景，将以上肢体语言组合的技巧全部在场景中练习一遍，并熟练掌握。

√ 分开练习。对着镜子，进行手势与步法和微笑的训练。在进行立正步、正立、稍息步、丁步、斜步的步法时分别做三个幅度的八大手势练习或者自己开发的手势练习，并且全程保持微笑。

√ 分开练习。对着镜子，进行手势与眼神和微笑的训练。想象不同的演讲场景，在进行点视法、扫视法、虚视法时分别做三个幅度的八大手势练习或者自己开发的手势练习，并且全程保持微笑。

√ 进行训练时录像，训练完后再看。这样可以帮助演讲者观察自己的面部表情，肢体语言组合的熟练度与协调性，让演讲者更好地进行训练改进。

√ 给自己定一个每日肢体语言组合训练必达目标，来激励自己。

（2）训练笔记：

第 5 章
台风训练：如何拥有舞台魅力

★学习导航

通过本章学习，你将能够：
- 了解演说家应该进行演讲台风训练的重要性。
- 学习演讲台风训练的方法与技巧。
- 掌握优秀演讲台风，拥有舞台魅力。

1. 登场技巧与训练

在演讲中，想要拥有舞台魅力，一个好的登场是第一步。

登场是演讲者与听众的第一次见面，也是演讲者第一次给听众展现自身素质和魅力的时候。好的登场可以让演讲者在演讲一开始就给听众留下一个好的印象，这对之后的演讲将起到良好的推动作用；差的登场则会让听众对演讲者大失所望，从而降低他们对演讲的期待度，让演讲者的激情受挫。

那么，该如何拥有一个优秀的登场，给听众留下良好的印象呢？

超能量演说有一套登场技巧：

（1）登场前休息

在登场前进行良好的休息，为接下来的演讲养精蓄锐。

在休息室休息；

在幕后休息；

在听众席的第一排或最后一排休息。

（2）登场方式

跑步登场：通过慢跑，登上演讲台，可以显得演讲者精力旺盛，富有激情。正步登场：通过走正步的方式，一步一步登上舞台，可以显得演讲者认真肃穆，尊敬他人。提前坐台上：在观众进场之前，演讲者就已经坐在了演讲台上，一般进行学术性报告演讲时会用这种登场方式。

（3）登场礼仪

第一步：鼓掌。演讲者登场后，先鼓掌感谢听众来听这次演讲。同时可以活跃现场的气氛，将现场先活跃起来。

第二步：与主持人握手（用右手握手）。表达对主持人主持这场演讲的感谢。

第三步：鞠躬。表示对听众的尊敬。

第四步：接麦克风。从主持人手中接过麦克风，注意用左手接。

第五步：立定 3 ～ 5 秒开始演讲。在非常正式的演讲场合中，如学术报告演讲时，可以向听众鞠躬表示礼节。

演讲台风中登场技巧是最基本也是最基础的，看似小事，可是它完全有可能影响演讲者的演讲，也会影响演讲者在听众心中的形象。

总的来说，作为一个演讲学习者，不管是初学者还是熟练者，都不应该在这些本来不应该出错的地方出错。我们要将以上三种登场技巧，理解并熟练掌握。只有将这些细节的地方练习熟练，重视这些基础训练，演讲者才能将演讲讲好，才能一走上台，就让听众觉得你是一个专业的演说家。

超能量演说训练

（1）为了实现演说中拥有专业登场技巧的目标，请进行以下练习：

√ 找一个朋友来帮你训练。让你的朋友模拟做主持人，你是演讲者。先进行登场方式训练，假设在不同的演讲场景，你用不同的登场方式登场；再进行登场礼仪训练，想象你的面前坐着观众，根据登场礼仪技巧，你和主持人进行登场礼仪技巧训练。当两个方面都练习熟练后，再连在一起进行训练。从登场到和主持人、观众进行互动，熟练地掌握每一个细节。

√ 训练完成后，要积极地向朋友询问意见，改进自己的细节。另外，也可以在训练的时候进行录像，以便训练完成后根据录像来发现自己的不足并进行完善。

√ 给自己定一个每日登场训练必达目标，比如今天要熟练掌握登场方式技巧、明天要熟练掌握登场礼仪技巧等，以此来激励自己进行登场训练。

（2）训练笔记：

2. 台上站姿技巧与训练

如果一个人在台上连站都站不好，那他怎么可能把演讲讲好。在演讲中，台上站姿最能直观体现演讲者的精气神。一个得体的站姿会凸显演讲者的情绪，让听众看得舒服的同时也让演讲者站得舒服，让演讲变得更自如。而一个不得体的台上站姿则会让听众对演讲者的素质和专业水平产生怀疑，从而让听众对演讲者抱有抵触情绪，严重影响演讲者演讲时的激情和现场的氛围。由此可见，想要给听众一个好印象，得体的站姿必不可少。那在台上该用什么站姿呢？

超能量演说有一套台上站姿技巧：

（1）两脚平行并拢

这是最基本的台上站姿。演讲者刚上台，包括和主持人握手、向听众鞠躬都需要用这个台上站姿来表示尊敬和感谢，这样显得专业和正式。

（2）两脚平行，分开约一脚距离

台上演讲时多用这个站姿，但要注意两脚分开后不能与肩同宽，要注意两脚间距离。如果两脚分得太开，会让听众觉得不雅观。

（3）稍息式

在台上时一脚在前，一脚在后，将重心主要压在后脚上。这个站姿是为了让两脚可以调换休息，来减轻演讲者的双腿疲劳。在台上站着时，不光要注意脚的姿势，还要注意台上站着时的仪容。如果只是脚的姿势正确，站着时身躯的仪容却很邋遢，听众会觉得演讲者不够精神，从而降低对演讲的期待感，导致演讲失败。

除此之外，台上的仪容也需要注意以下几点：

（1）演讲时头部的仪容

在演讲时，头应当平正，而不是偏侧倾斜，显得紧绷。头部的动作应当和表情及手势相对应，但要注意在演讲时，头部的动作不能过多。

（2）演讲时身躯的仪容

在演讲站立时，身躯的基本要求是直立，不能歪斜。同时还要做到挺胸收腹，摆平双肩，拉直双腿，让身躯显得端正挺拔，要给听众一种演讲者庄严大方、朝气蓬勃的感觉。

（3）演讲时眼睛的仪容

演讲时，演讲者的眼睛要注视听众，不能左右四顾，不能眼神游离，要和听众对视，进行互动，让听众知道你在关注他们。

总的来说，演讲台上站姿中脚的姿势和身体的仪容相辅相成，哪一方面做得不好都会对演讲造成负面影响。它们看似是很小的事情，却是演讲的基础。如果基础做不好，那演讲也很难讲好，所以不管是初学者还是熟练者，都需要注意这两方面的细节问题，要按照站姿技巧进行训练，争取熟练掌握。

超能量演说训练

（1）为了实现演讲中拥有得体台上站姿技巧的目标，请进行以下练习：

√ 进行靠墙站训练。背靠墙，脚跟离墙 3 厘米，臀、肩和头要靠着墙，用力吸气，让肌肉回缩。做到上面演讲时身躯的仪容技巧，眼睛平视前方，每次训练坚持 15 ～ 20 分钟。

√ 找一些自己的好朋友，让他们扮作演讲的听众，再模拟各种场景，根据上面的技巧进行台上站姿和仪容的组合训练。

√ 训练完成后，向朋友询问意见，找出自己的不足，更好地改进细节。也可以在训练的时候进行录像，以便训练完成后根据录像来发现自己的不足并进行完善。

√ 给自己定一个每日台上站姿训练必达目标，比如今天要熟练掌握台上站姿技巧、明天要熟练掌握台上仪容技巧等，以此来激励自己进行台上站姿训练。

（2）训练笔记：

3. 拿麦克风技巧与训练

在演讲中，麦克风是必备的演讲工具，是演讲者演讲成功的重要铺垫。它可以放大演讲者的声音，演讲者所有的情绪，包括激动、平和、开心、悲伤都可以通过它来表达，从而让听众感受到。

麦克风是演讲者手臂的延伸。能够拿好麦克风，用好这条手臂，那演讲就可以一帆风顺地进行下去；如果麦克风拿不好，这条手臂用不好，演讲就会讲不好。所以作为一名合格的演讲者，在不同的场合以不同的方式拿麦克风，是我们必须要了解、掌握，并且勤加练习的。

超能量演说有一套拿麦技巧：

（1）大拇指的位置

大拇指紧靠麦克风的开关位置，这样可以随时对麦克风进行操控。如果发生一些突发情况，比如咳嗽、打喷嚏，演讲者没能及时地拿走麦克风，那么短暂关闭麦克风也是可以的。

（2）手握麦克风的位置

手握麦克风的位置为离麦克风颈部 1 ～ 2 厘米处，这样可以让麦克风的传讯质量更稳定。同时要注意手不能往上拿，不然容易捂住麦克风头，这样声音会被闷住，而且容易产生回音，让演讲变得一团糟，乱哄哄的。一般演讲新手可能会紧张，在演讲时发现麦克风偶尔出现一些杂音时，就会赶紧去拍打麦克风，这是不对的。在出现杂音的情况时，演讲者要注意自己是不是经常发出一些鼻音，如果是，就要调整握麦克风的位置，同时尽量让自己不要发出鼻音。因为麦克风很敏感，它会放大这些声音，从而形成噪音。

（3）握麦克风的方式

拳握：将手握成拳头的形状，麦克风在拳头的中间。这种方式适用于正式讲课、大型演讲等比较正式庄重的场合。

指握：用手指拿住麦克风。这种方式适用于主持会议、进行致辞、开新闻发布会发言时等。

半握：只用手的一半握住麦克风。这种方式适用于娱乐场合，如唱歌或者晚会时等。

（4）麦克风与身体的角度

麦克风与身体的角度一般是麦克风头部与演讲者头部连线，在30～75度。如果在娱乐场所或是主持晚会等场合，麦克风与身体的位置可以与胸平行。

（5）麦克风与嘴唇的距离

麦克风与嘴唇要保持适当的距离，一般在1～10厘米。如果麦克风距离嘴唇太近，会导致声音太大，遇到换气时会不断产生爆音，这样声音就会被迫压低、变小从而让声音的质量大打折扣。所以必须让麦克风与嘴唇保持适当的距离，以便让声音有最大的发挥空间。我们可以根据现场具体的麦克风的音量来提前调试。

（6）特殊情况下拿麦克风的方式

在实际演讲中，有时会出现一些突发的事情，比如麦克风突然坏掉或者发不出声音了。在这种情况下，演讲者首先要保持镇定，不要表现出慌张的样子，也不要在台上胡乱地摆弄麦克风，这些都是很不雅观的，会让听众看到你的慌乱。你要表现出沉稳有自信，可以放缓演讲节奏或者干脆暂停演讲，然后示意组织者或者主持人上来调整。如果一时不能排除麦克风的故障，那你就要毫不犹豫地放弃麦克风，提高自己的音量接着讲下去。这虽然会在一定程度上影响演讲前后的表演效果，但不至于会让演讲讲不下去，可以让演讲重回正轨。

总的来说，想要完成一场出色的演讲，掌握正确拿麦克风的方法是必需的。不管是演讲初学者还是熟练者，不管在什么样的演讲场合，在握麦克风时都会出现很多问题。我们除了熟悉并掌握以上的拿麦克风的技巧之外，还要多加进行拿麦克风的练习，让自己在演讲台上挥洒自如。

超能量演说训练

（1）为了实现演讲中拥有得体台上站姿技巧的目标，请进行以下练习：

√ 根据以上的技巧，先独自一人掌握正确拿麦克风的方式。选一种握麦克风的方式，注意手握麦克风的位置，麦克风与身体和嘴唇的距离；再拿麦克风进行练习，之后找出有错误的地方，再改正。

√ 找一些自己的好朋友，让他们扮作演讲听众，再模拟各种演讲场景，根据你掌握的正确拿麦克风的技巧在台上进行实地训练。训练完成后，向朋友询问意见，找出自己拿麦克风的不足。

√ 给自己定一个每日拿麦克风训练必达目标，以此来激励自己进行拿麦克风训练。

（2）训练笔记：

4. 鼓掌技巧与训练

掌声是演讲者在舞台上受到的最好的肯定。在演讲中，听众适时地鼓掌可以活跃现场的气氛，也代表着听众对演讲者演讲内容的肯定和赞同。而演讲者收获了掌声，也明白了听众对他的鼓励，感受到了自尊和爱，这样演讲起来也会更有激情，更加自信。

有掌声的演讲代表这是一场精彩的演讲。一些演讲大师，他们的一场演讲中掌声都达到数十次之多。如果演讲没有掌声，那现场就会显得无比沉闷，毫无激情，这样的演讲就肯定失败了。那么，演讲中如何鼓掌才能为演讲添彩呢？

掌声在演讲中那么重要，可是也不能胡乱鼓掌，必须要掌握鼓掌的方式和技巧。

超能量演说有一套鼓掌技巧：

（1）听众鼓掌方式

手心相对，双手间有一定的距离，倾斜且两手交错保持 45 度角。左手在下，右手在上，然后置于胸前，拍掌。

听众通过这个方式鼓掌显得含蓄而不张扬，尊敬又不失礼貌。这很符合听众的身份，演讲者在台上看着也会很舒服。

（2）演讲嘉宾鼓掌方式

手心相对，双手间有一定的距离，倾斜且两手交错保持 45 度角。左手在下，右手在上，置于胸前，拍掌。然后手再向下，置于腹前，拍掌。循环往复就这样上下式的进行鼓掌。

这样的鼓掌方式可以给人礼貌、尊重他人的感觉，并且可以让掌声自然的由大到小，逐渐平缓，而不显突兀。

总的来说，不管是听众还是演讲者，都要学会正确的鼓掌方式，只有熟练掌握鼓掌技巧，在需要鼓掌时才不会因为不得体的鼓掌而犯错。在演讲中，演讲者的掌声不光是给予别人的，同时也是给予自己的。比如，演讲者在台上说一句“大家请给这位回答问题的先生一点掌声”，然后听众欣然鼓掌，给予鼓励。虽然掌声是给别人的，但作为主讲者，通过一个掌声带动了气氛，那掌声其实就是给你的。同时在让听众鼓掌时，演讲者自己也要鼓掌，要让听众看到演讲者对他的鼓励和尊重。而当演讲者在演讲中能够赢得足够的掌声时，就表示演讲气氛已经达到了一个高潮，代表这场演讲是成功的。

超能量演说训练

（1）为了实现演说中拥有正确鼓掌技巧的目标，请进行以下练习：

√ 一人进行训练，将正确鼓掌的方式烂熟于心。

√ 找一些朋友扮作你的听众，模拟演讲现场，进行情景的设计，在合适的时候听众给演讲者掌声，演讲者也可以让听众给一些现场互动的听众掌声，用来活跃气氛，以此来训练鼓掌。

√ 训练完成后，要积极地向朋友询问意见，改进自己的细节。也可以在训练的时候进行录像，以便训练完成后根据录像来发现自己的不足并进行完善。

√ 给自己定一个每日鼓掌训练必达目标，来激励自己进行鼓掌训练。

（2）训练笔记：

5. 引爆激情技巧与训练

听众看一场演讲讲得好不好，有没有激情，肢体动作占了55%，语音、语调、气势占了38%，而文字只占了7%，这是为什么呢？因为演讲是演讲者给听众传达自己的想法和思想感情，让听众相信自己的过程。而想要在演讲时让信息传递得更快，情绪爆发得更激烈，就需要运用人的潜意识。因为人的潜意识的力量是人正常意识力量的3万倍，而肢体动作就是影响潜意识最快的方法，所以在一场好的演讲中肢体动作占得比例最大。

除了要运用潜意识，一场精彩的演讲还取决于演讲者情绪调整的速度。而情绪调整最快的方法，就是让自己随时处于情绪的巅峰状态。在演讲中，引爆肢体动作，让潜意识的力量迸发，就可以让演讲者快速到达巅峰状态。一旦演讲者处于巅峰状态，就会拥有无穷的自信，而这些自信会让演讲者相信自己拥有直面一切的能力。在这个时候，演讲者就可以掌控自己的情绪，进而掌控一切。这样，在演讲时，演讲者就不会紧张，就可以超水平地发挥，让演讲变得更精彩。

也就是说，引爆演讲激情在演讲中发挥着重要作用。而想要引爆演讲者的演讲激情，就必须先引爆演讲者的肢体，究竟怎样才能引爆演讲者的肢体呢？

超能量演说有一套引爆肢体技巧：

（1）跳舞。

（2）跑步。

（3）举手确认说“YES（是）”。

（4）击掌大声说“YES”。

（5）大声快速喊“嘿”。

（6）大声确认说“We are NO.1（我们是第一）”。

（7）双手打开说“哇”。

（8）双手打开说“我将无所不能”。

（9）自我激发说“MAKE A MOVE（开始行动）”。

（10）左脚、右脚跺地，喊道：“啊！这是多么美好的一天啊！充满了爱、自信、能量！”

这个技巧是为了让演讲者动起来，让演讲者通过肢体动作来激发自己的自信心，起到调整演讲者情绪的作用。而要引爆演讲激情，引爆肢体是一方面，另一方面还要有调动演讲激情的信念。

总的来说，要让演讲更成功，要演讲者状态满满，就要引爆演讲激情。而要引爆演讲激情，引爆肢体和调动信念就要同时进行。不管是演讲初学者还是演讲熟练者，都要学会上面的引爆激情技巧并熟练掌握。

要注意的是，演讲者每一次上台演讲之前，都要调整情绪状态。一定要想办法把讲的内容背下来，上台演讲脱离演讲稿，这会给听众一种自信的感觉，更容易引爆现场激情。同时在日常语言训练中，一定要多练习语感，将状态激发到最佳状态，演讲时就会非常流畅、自然，从而更好地引爆现场激情。

超能量演说训练

（1）为了实现演说中拥有引爆激情技巧的目标，请进行以下练习：

√ 对着镜子，进行引爆肢体的训练，让自己的内心感到激情澎湃才算成功。

√ 走到大街上，面对行人，不要害怕，大胆、大声地将调动激情的信念喊出来。什么时候不在意别人的目光，坦然自若地喊出自己的信念才算成功。

√ 找一些好朋友，让他们扮作演讲的听众，先进行上台前的引爆激情，调整情绪，然后再上台进行演讲。

√ 演讲完成后，向朋友询问他们在台下的感受，找出自己的不足，更好地改进自己。也可以在演讲的时候进行录像，以便演讲完成后根据录像来发现自己的不足并进行完善。

√ 给自己定一个每日引爆激情训练必达目标，比如今天要熟练掌握引爆肢体技巧、明天要熟练掌握调动激情的信念技巧等，以此来激励自己进行引爆激情训练。

（2）训练笔记：

6. 展现舞台魅力技巧与训练

不是会讲话就能把话讲好，也不是会讲话就能成为演说家，中国有13亿人都会讲话，却并不是每个人都是演说家。要想把演讲讲好，是需要一种感觉和境界的，这种感觉与境界叫作投入。当你看到一位演说家在台上挥动有力的拳头，说出振奋的话语，扬起激情的面孔时，你会觉得太有感染力了，这就是感觉、境界和投入。演讲太需要这种节奏、感觉、境界、投入和状态了，毕竟它们太重要了。没有了这些，演讲者就没办法展现自身的舞台魅力，就不可能把演讲讲好。那应该怎样才能拥有和展现舞台魅力呢？

超能量演说有一套展现舞台魅力的技巧：

（1）演讲中要注意语句的停顿。

（2）语音语调要注意抑扬顿挫。

（3）演讲时要注意重音的运用。

（4）演讲时语句多用排比，会显得更有说服力。

（5）演讲时多用手势，显得演讲更加生动、激情。

（6）演讲时根据情感的变化面部表情要跟着变化。

（7）演讲时要富有激情，要状态饱满。

（8）演讲时要全情投入，要催眠听众。

这是展现舞台魅力的八大要素。那么该如何拥有舞台魅力，让演讲者可以在演讲中适合且灵活地运用这八大要素为自己的演讲增添光彩和魅力呢？这要经过四个步骤：

（1）突破恐惧

人类最怕三种事物：怕高、怕火、怕公众讲话。每一个人在开始练习演讲的时候都会面临一个最大的障碍——恐惧，恐惧上台、恐惧公众讲话。所以想要拥有舞台魅力，首先要做的就是战胜恐惧。只有战胜了恐惧，演讲者才能在演讲台上挥洒自如，展现魅力；而不是在讲台上畏畏缩缩，让听众看笑话。

（2）寻找舞台感觉

在演讲中最重要的就是舞台感觉，演讲者要有一种一上台拿起麦克风就兴奋的感觉。舞台感觉对了，演讲者在台上的演讲就会非常流畅，就能充分地展现其舞台魅力。如果感觉不对，演讲者在台上就会觉得很别扭，感觉束手束脚，施展不开，演讲也没有激情。很多人说这种舞台感觉是天生的，其实不然，它可以通过训练来培养。

（3）寻找一个平台

很多人都想拥有演讲的能力，但缺乏锻炼的机会。我们需要找到一个专业的、积极的平台，通过这个平台让自己有很多演讲的机会。

（4）真正爱上演讲

一时的激情不能长久，永远的爱好才能永恒。只有当你发自内心地真正喜欢上演讲，喜欢上舞台，才能在每次演讲中都充满激情地展现自己的舞台魅力，而不是强迫自己展现。

总的来说，舞台魅力是演讲中最重要的一环。它直接关乎一场演讲的好与坏，成与败。不管是演讲初学者还是演讲熟练者，都要熟练掌握拥有舞台魅力的四个步骤。只有将这些技巧都融会贯通，真正融入你的演讲中，才能提高你的舞台魅力。

超能量演说训练

（1）为了有效学习舞台魅力技巧，请进行以下练习：

√ 突破恐惧练习。为了克服恐惧，你可以到别的班级去演讲、在中午人最多的时候站在餐厅门口演讲、在人群最集中的超市门口演讲。甚至在公交车、火车上演讲。只有经过这些疯狂的练习，才能让你彻底摆脱恐惧，拥有潇洒自如的舞台掌控能力。

√ 寻找舞台感觉练习。你可以多听演唱会，在网上寻找明星们的演唱会视频进行观看，去寻找那种当明星的感觉，看得多了自然就变得自信了。你也可以多听多看相声小品，从中积累一些幽默有趣的语句和故事。在你的演讲中插入这些会收到意想不到的效果，会让你的舞台魅力有很大提升。当然，最重要的还是多练习演讲，重复练习是成功的关键。只有多练习、多上台、多讲，才能让你自然而然地找到舞台上的感觉。

√ 寻找一个平台练习。你可报名参加一些演讲方面的培训。培训机构会为你提供真正的现场演讲的场合，比如高校巡讲、培训授课、大型活动的现场主持等。只有经历的多了，你的演讲能力才能练出来。

√ 舞台魅力展现训练。首先你要设计一段非常精彩的演讲稿，其中要用到排比句；再根据展现舞台魅力的八大要素，将演讲稿中所有需要掌声的地方标注出来，并标注出需要重音、停顿和手势的地方；之后再将演讲稿的内容融会贯通；最后在这三步做好的基础上，进行反复练习，找到感觉。

√ 找一些好朋友，让他们扮作你的听众，进行演讲，实地进行舞台魅力展现训练。

√ 训练完成后，向朋友询问意见，比如觉得舞台魅力够不够、有没有被你感染，从中找出自己的不足，并加以改进。也可以在训练的时候进行录像，以便训练完成后根据录像来发现自己的不足，并进行完善。

√ 给自己定一个每日展现舞台魅力训练必达目标，比如今天进行突破恐惧训练、明天进行舞台魅力展现训练，以此来激励自己进行舞台魅力展现训练。

（2）训练笔记：

第6章
演讲稿训练：如何讲好故事

★学习导航

通过本章学习，你将能够：

- 了解演说家进行演讲稿训练的重要性。
- 学习演讲稿训练的方法与技巧。
- 掌握一流演讲稿写作能力，讲出好故事。

1. 设计震撼演讲稿的步骤

演讲稿是一场演讲的依据，是一场演讲的灵魂。在演讲中，演讲稿具有帮助演讲者组织和表达思想感情、帮助演讲者在演讲时消除恐惧心理、在演讲时遇到突发状况给予支撑等作用。

演讲者如果能写出一篇好的、震撼人心的演讲稿，那他的演讲就会取得良好的效果。因为一篇震撼的演讲稿，可以将演讲者的感情全部包含进去，它将是演讲者智慧的结晶，所以听众将会从中真切地感受到演讲者内心的真情实感。如果演讲者写出的只是一篇平庸的演讲稿，那他的演讲内容就会乏善可陈，就不能让听众看到他内心的激情，那演讲就会变得无聊，不能有震撼之感。怎样才能设计出震撼的演讲稿呢？

超能量演说有一套演讲稿设计步骤相关技巧：

（1）明确演讲的目的和听众组成

演讲的目的可以分为：

①传道：给听众传授知识，这需要演讲有丰富的内容做支撑。

②激励：需要用激情与煽动的语言来激发听众的热情。

③销售：需要一些对听众有帮助的内容或者能产生共鸣的故事。

④说明：说明一个事情，演讲者有条理地把事情说清楚。

⑤宣传：需要听众感兴趣的话题，演讲者进行针对性的演讲。

听众的组成可以从以下几个方面划分：

①经济收入；

②社会地位；

③年龄大小；

④文化程度；

⑤职业分类。

（2）确定演讲的主题

主题要尽可能地和听众引起共鸣，要让听众一看就知道对他有什么好处，对他有什么启发，能从中学到什么东西。

（3）写演讲提纲

演讲大提纲包括：

①开场白；

②内容；

③结尾。

演讲大提纲写好后，再写内容里的小提纲。一般一次演讲如果时长是 90 分钟，那内容可以讲 3 ～ 6 个重点，最好不要超过 6 个。而 3 ～ 6 个重点就是 3 ～ 6 个小主题，也就是内容里的小提纲写 3 ～ 6 个。我们需要把要讲的重点（即小提纲）列出来，方便写后面的内容。比如一篇主题是勤奋的演讲稿，内容里的小提纲列为：

①什么是勤奋；

②讲关于勤奋的故事；

③通过故事引出勤奋的作用；

④得出我们需要勤奋这个结论。

（4）收集演讲素材

根据小提纲的内容，我们可以收集相关的演讲素材。演讲素材一般分为两部分：

①核心素材，这是演讲稿中必须要的论证观点的故事或者内容。

②辅助素材，这是为了能更详细地说明一个重点而可能用到的素材。

（5）写演讲稿

通过明确自己的演讲目的，确定演讲的主题，然后写出演讲的提纲，搭出了演讲稿的框架，再收集好需要的素材，就可以真正开始写演讲稿，为演讲稿“填肉”了。

总的来说，好的演讲稿不是写出来的，而是设计出来的。演讲稿的设计需要以上五个步骤，通过这五个步骤我们可以快速地设计出一篇精彩的演讲稿，所以它们缺一不可。而当我们在设计演讲稿时，不管你是演讲新手还是演讲老手，提前了解听众的组成是非常重要的。因为只有这样你的演讲稿的方向才不会错，你才不会出现演讲稿跑题的错误。而想要设计出震撼的演讲稿，除了上面的五个基本步骤，我们还需要知道在什么地方应该用什么语言、用什么手势、用什么语调，什么地方应该有掌声，如果没有的话，就要向观众要掌声，这些是都需要提前设计好的。

超能量演说训练

（1）为了能迅速掌握设计震撼演讲稿的步骤，请进行以下练习：

√ 先熟悉设计震撼演讲稿的步骤，再假设演讲的目的和听众的组成，从中确定演讲的主题，然后列出演讲的提纲，根据内容的提纲找素材，素材找好了，就可以填充内容，一篇演讲稿就设计好了。

√ 找你的好朋友来当听众，然后上台按你设计的演讲稿进行演讲。演讲完后，询问听众对你的演讲稿的看法并提出改进演讲稿的意见。根据改进意见，再重新设计演讲稿。多练习，多设计，直到设计出让听众感到震撼的演讲稿。

√ 给自己定一个每日设计震撼演讲稿步骤训练必达目标，比如今天设计一篇演讲目的是传道的演讲稿、明天设计一篇演讲目的是销售的演讲稿等，以此来激励自己进行设计震撼演讲稿步骤训练。

（2）训练笔记：

2. 震撼演讲稿的结构设计

我们在明确了震撼演讲稿的设计步骤以后，接下来就要进行演讲稿的结构设计以及时间分配的设计。演讲稿的结构是演讲稿的骨架，只有结构设计好了，时间分配对了，骨架立正了，演讲稿才能条理清晰，逻辑分明，在演讲时才不会垮。如果演讲稿的结构没有设计好，骨架歪曲，那么演讲时就会显得内容东一块、西一块，前后没有逻辑，听众听了，也会觉得云里雾里，不知道演讲者在讲什么。如果时间没有分配对，就会让听众觉得演讲臃肿不堪或是匆忙结束，这些都将导致演讲的失败。那震撼演讲稿的结构应该怎样设计呢？

超能量演说有一套震撼演讲稿的结构设计技巧：

（1）演讲稿的主要结构

①开场白

用来在一开始概述演讲的主要内容，向听众说明此次演讲的重要性，以此来吸引听众的注意力同时激发听众的好奇心。因为开场白处于演讲稿的重要位置，所以应该力求迅速地引起听众的注意，避免拖沓、冗长和客套，时间一般控制在 5 ～ 10 分钟。

②正文

先分成几个小的关键点，然后每一个小关键点再分别填充内容。每一个小关键点的演讲时间控制在 10 ～ 20 分钟。如果设计的是 90 分钟的演讲稿，那么内容里的小关键点只要讲 3 ～ 6 个就可以了，如果设计多了，时间可能会超出。一般正文有以下几种常见的结构：并列式，围绕演讲稿的中心论点，从不同角度、不同方面来进行论证，其结构形态呈放射状四面展开，就像车轮之轴和辐条。而每一方面都直接面向中心论点，证明中心论点；递进式，即从论点表面入手，采取步步深入、层层推进的方法，犹如剥竹笋一样，最终揭示其中深刻的主题。用这种方式来安排演讲稿的结构层次，能使事物得到由表及里的深入阐述和证明；时间顺序式，即按照时间先后安排关键点的位置，论证过程中要夹叙夹议。

③结尾

结尾是为了让整个演讲给听众留下一个完整、清晰的概念，具有总结演讲稿、深化演讲稿的主题，让演讲变得促人深思且耐人寻味，更有感染性和启发性的作用，文字不可过长，时间一般控制在 5 ～ 10 分钟。

（2）演讲稿的时间分配

第一种方案：如果演讲时间大于 60 分钟，则可按开场时间 5 ～ 10 分钟、结尾时间 5 ～ 10 分钟，剩余时间为演讲内容的结构来设计演讲稿。但是实际的时间分配还是要具体根据演讲性质来定。不过无论如何，最好都保证开场和结尾的时间分配有 10 ～ 20 分钟。

第二种方案：如果演讲时间小于 60 分钟，则可按开场时间、内容时间、结尾时间 1 ∶ 8 ∶ 1 的比例结构来设计演讲稿。比如一场 10 分钟的演讲，如果设计演讲稿，按开场、内容、结尾时间 1 ∶ 8 ∶ 1 的比例结构的话，就是开场时间 1 分钟，内容时间 8 分钟，结尾时间 1 分钟。

总的来说，演讲稿的结构就是演讲者依据演讲主题对材料进行组合、编排而成的一篇演讲稿的框架。一篇震撼的演讲稿，它的结构设计应该是将来自各方面的分散的演讲稿构成因素，比如主题、材料等组合成一个新的整体，合并升华主旨后形成一种新的思想传播给听众。而从演讲稿形式上看，开场白、正文、结尾这三个部分都各自独立，且各有各的意义和作用。

从内容上看，这三个部分则是统一的，是一份演讲稿里同一个主题和材料在不同位置的表现。要达到的则是同一个目的，就是为了让听众通过这种结构能够顺利地从中得到感悟和收获，不会有听不懂的状况发生。所以不管是新手还是老手，在设计演讲稿结构时，都可以通过上面的结构设计技巧来帮助自己完成。

超能量演说训练

（1）为了学会震撼演讲稿的结构设计，请进行以下练习：

√ 先熟悉震撼演讲稿结构设计的技巧，然后假设一个主题，再根据技巧进行演讲稿的结构设计，最后写出一篇演讲稿。

√ 找几个好朋友，让他们当你的听众，然后上台按你写的演讲稿进行演讲。演讲完后，询问听众对你的演讲稿中结构设计的看法，询问他们能不能顺利地从演讲中获得信息，并提出改进意见。根据改进意见，再重新进行演讲稿的结构设计。

√ 从网上或者书店里寻找名人大家的演讲稿，通篇阅读，从中学习他们的演讲稿结构设计方法，并运用到自己的演讲稿中。

√ 给自己定一个每日震撼演讲稿结构设计训练必达目标，比如今天设计一篇演讲时间大于 60 分钟的演讲稿结构、明天设计一篇演讲时间小于 60 分钟的演讲稿结构等，以此来激励自己进行震撼演讲稿的结构设计训练。

（2）训练笔记：

3. 震撼演讲稿的内容设计

我们在明确了震撼演讲稿的结构设计，立起了演讲稿的“骨架”后，就要接着进行演讲稿的内容设计，将“骨架”上的“肉”给填上。只有内容设计好了，演讲稿才能显得富有内涵，有真材实料，听众听了才能从中得到感悟，学到知识。要是内容没有设计好，那演讲稿就会显得干瘪、空洞，不能让听众从演讲中有收获，反而会觉得无聊。那这样的演讲就达不到震撼的效果了。震撼演讲稿的内容应该怎样设计呢？

超能量演说有一套震撼演讲稿的内容设计技巧：

（1）讲故事

讲故事是演讲中用来描述和论证观点的一种最常用的方法，也是效果非常好的一种方法。演讲稿的内容设计里，每一个关键点都要有故事来论证和描述，故事数量控制在1～3个，不要没有，也不要太多。故事一定要有典型性，有震撼力，要让听众听了有内心惊叹的感觉，能够从故事中直接领悟出关键点的含义。一般讲故事可以分五大类：

①讲在名人身上发生的事；

②讲在自己身上发生的事；

③讲富含哲理的寓言故事；

④讲在大众身边发生的，比如朋友的事或者一些社会上的热点问题；

⑤讲在知名企业发生的故事。

在讲故事的时候，每一个关键点不仅要有发生在大众所熟知人物身上的故事，也要有发生在自己身上的故事。别人的故事可以通过他们的广泛知名度来提起听众的兴趣，扩大听众的想象力；而自己的故事则更加有说服力，是最有感染力，最能感动他人的。

（2）多用“一二三”理论

“一二三”理论就是对一个关键点进行总结时，尽可能地将总结语分成三点来说。在设计演讲稿内容时，对关键点的总结要尽可能地多用“一二三”理论。我们可以通过几段演讲来直观感受：

举例一：

大家好！今天给大家分享如何做一个卓越的企业领袖，其中有三点非常重要：第一点，要有高瞻远瞩的思维；第二点，要有明确有效的系统；第三点，要有积极流畅的沟通。

这个例子里就非常直观地点明了做卓越企业领袖的三个必要因素，每一点的表述都在听众心里留下了深刻的印象，只要让听众按点去做就行了。如果不分三点，听众则不会有那么深刻的印象，这个知识可能就记不住。

举例二：

接下来要给大家分享的是如何成为优秀演说家，我认为成为优秀演说家有三点非常重要：第一，需要阅读大量的书籍，获得丰富的知识，只要有向别人学习的机会，就要虚心地向别人学习；第二，需要不断地练习，只要有练习的机会，就要用心练习；第三，要坚持，任何人在任何领域坚持5年就会成为专家，坚持10年就会成为权威，所以我们如果能坚持演讲10年，一定可以成为这个领域的权威。

这段演讲将如何成为一位优秀的演说家所具备的特质用“一二三”理论循序渐进地表达了出来，给听众一个具体的系统的向上的阶梯，一目了然。如果不用“一二三”理论，直接一大段话连着说完成为优秀演说家要具备的特质，听众可能就搞不清楚要先从哪个方面进入才好，这段话所要向听众传达的知识也就没用了。

举例三：

某听众问：“老师，请问您普通话说得不好，为什么可以成为优秀的演说家，还可以到全国各处去巡回演讲？”

演讲者回答：“我认为主要有三个方面：第一，我有完全的自信；第二，我有超强的行动力；第三，我的每一场演讲都会不断地总结和检讨，让下一场演讲变得更好。”

这是在演讲中回答听众问题的时候演讲者用了“一二三”理论。演讲者通过三点的表述，系统又不复杂地讲述了自己能成功的三个原因，让听众条理清晰地理解了其中的窍门，恍然大悟，不再需要花时间整理其中的信息，让理解变得不再困难。

通过上面的几个例子，我们可以看到在“一二三”理论中先是将复杂的内容简单化，“三点”给了听众一个心理暗示，就是只需要记住这三点就可以了。之后再通过“第一、第二、第三”这样的语言在一开始就给听众一种“我下面要开始说窍门了”的感觉，听众就会不由自主地认真听，不敢错过一个字。所以培养自己拥有将内容表达成三点看法的能力，在演讲或是回答听众的问题时，就会显得游刃有余，条理清晰。听众会觉得你是一个有理性、有系统性和思维清晰的演讲者。

总的来说，演讲就是讲故事。演讲要有能吸引听众的故事，用条理清晰的“一二三”理论来描述自己的观点，不管是故事还是观点都饱含自己的思想感情，那么这篇演讲稿就是一篇优秀的演讲稿。

超能量演说训练

（1）为了学会震撼演讲稿的内容设计，请进行以下练习：

√ 先熟悉震撼演讲稿内容设计的技巧，然后假设一个主题，再将演讲稿的结构设计好，最后运用上面的内容技巧进行内容填充，写出一篇完整的演讲稿。

√ 找几个朋友，让他们做你的听众，然后上台按你写的演讲稿进行演讲。演讲完后，和听众进行互动，让他们向你提问，你用三点法回答问题。提问完后，询问听众对你的演讲稿中内容设计的看法，比如够不够清晰明了、有没有趣、有没有收获等，然后提出改进意见。根据改进意见，再重新进行演讲稿的内容设计。

√ 从网上或者书店里寻找名人大家的演讲稿，通篇阅读，从中学习他们的演讲稿内容设计，取其中的精华并运用到自己的演讲稿中。

√ 给自己定一个每日震撼演讲稿内容设计训练必达目标，以此来激励自己进行震撼演讲稿的内容设计训练。

（2）训练笔记：

4. 哲理故事演讲稿设计训练

在演讲中，故事具有很重要的作用，那么到底要说什么样的故事给听众呢？哲理故事就是在很多演讲中都会用到的一种故事形式。哲理故事就是为了证明一个事情或者说明一个道理，用一个能引出所要说明的道理或者观点的小故事来进行论证。哲理故事的运用可以将本来生硬呆板的观点通过有趣又发人深思的小故事引出来，提高了听众的兴趣，让听众能更好地接受和理解所提出的观点。那么，哲理故事演讲稿怎么设计呢？

我们先来看一篇哲理故事演讲稿范例：

前不久，我读了一则童话故事，它是英国作家王尔德写的《巨人的花园》。故事讲的是一个巨人看到孩子们在自己的花园里玩耍，很生气，他在花园周围筑起了高墙，将孩子们拒于墙外。从此以后，园里花不开，鸟不语，一片荒凉，春夏秋都不肯光临，只有冬天永远留在这里。一天，孩子们从墙洞爬进来，春天也就跟着孩子们来了，园里立刻变得生机勃勃。当他把孩子们再次赶出花园之后，花园又被冰雪覆盖了。后来，在小男孩的启发下，巨人醒悟了，随即拆除了围墙，花园成了孩子们的乐园，巨人生活在漂亮的花园和孩子们中间，感到无比幸福。

王尔德的这个快乐故事，让我的心久久不能平静，那个巨人，他两次的自私与冷酷给花园带来了冰雪寒冬，让孩子们失去欢乐的同时，他自己也同样孤单寂寞，更享受不到花园里明媚的景色！我们常说：“赠人玫瑰，手有余香。”其实，快乐也一样，给别人快乐，自己也快乐。我还记得这样几句名言：“把你的痛苦与人分享，你的痛苦将会减少一半；把你的快乐与人分享，你的快乐将增加一倍。”是啊，分享快乐不会使自己损失什么，却能让这个世界充满温情。相反，有了快乐，一个人独乐，最终也不会快乐。

与别人一起分享快乐是一种美德，因为快乐能够传染。其实很多时候，与别人分享快乐，既给了别人一个机会，也给了自己一个机会；既给了别人一个好心情，自己也留下了一份好心情。

既然这样，那么请打开你的心灵，真诚地与别人分享吧——自己是一团火，就要想法把别人点亮；自己是一盆水，就要想法把别人洗净；自己是一粒米，就要想法长出更大的稻穗；自己是一弯月，就要想法给夜行人送去清辉……与人共享快乐，你也会更加快乐！谢谢大家！

从上面这篇哲理故事演讲稿中，我们可以看到哲理故事演讲稿的设计技巧和步骤：

（1）讲故事

从上面的案例我们可以看到这篇演讲稿一开始就和观众分享了一个故事，一个演讲者自己看到的故事。通过这个巨人赶走孩子，花园荒凉，巨人迎回孩子，花园充满生机的故事，演讲者给了听众一点暗示，提起了他们对演讲兴趣的同时也给了听众从这个故事中思考人生哲理的时间，为接下来的演讲做了铺垫。

由此可见，哲理故事演讲稿设计的第一步就是演讲者要讲 1 ～ 3 个符合且能够表达出演讲所要表达的主题的哲理故事。这个故事可以是名人的故事，也可以是企业案例，或者是演讲者自己和身边的事。至于故事的数量可以按照演讲的时间和故事本身的长度来灵活安排，但最好不要超过 3 个，不然故事太多会让演讲显得单薄。

（2）得出要点

从上面的案例我们可以看到这篇演讲稿在讲完故事后，在听众还在思考故事里蕴含的哲理时，紧接着通过分析这个故事里的内容来告诉听众这篇演讲稿所要说的哲理“独乐乐不如众乐乐”，这就是通过一个故事来证明一个观点。在得出了要点后，演讲稿就有了基调，就有了灵魂，那演讲接下来也可以围绕着这个哲理展开了。

由此可见，哲理故事演讲稿设计的第二步就是根据演讲者所说的哲理故事引出演讲所要表达的主题，所要向听众传递的一个哲理，之后再围绕这个主题演讲下去。

（3）发表个人观点

从上面的案例我们可以看到这篇演讲稿在引出了“独乐乐不如众乐乐”的观点后，围绕这个观点发表了诸如分享快乐的好处、分享快乐的重要性、一定要与他人分享等一些自己的个人看法。这是对主题观点的讲述和补充，让听众明白这个观点对他们的重要性和作用，并为演讲稿结尾。

由此可见，哲理故事演讲稿设计的第三步就是根据你这篇演讲稿所要表达的主题来发表个人观点，充实演讲稿的内容，讲述观点的作用和重要性，让听众了解这对他们的帮助。

总的来说，哲理故事演讲稿的设计就是通过哲理故事论证主题，再发表自己的观点。不管是演讲新手还是演讲老手，在写哲理故事演讲稿时，都要按照上面的设计技巧，努力设计出优秀的哲理故事演讲稿。

超能量演说训练

（1）为了实现拥有优秀哲理故事演讲稿设计的目标，请进行以下练习：

√ 熟悉哲理故事演讲稿设计的技巧。先定下一个主题，再找 1 ～ 3 个能引出这个主题的哲理小故事，最后按照哲理故事演讲稿设计步骤设计一篇演讲稿。

√ 找几个好朋友，让他们做你的听众，然后上台按你写的演讲稿进行演讲。演讲完后，询问听众对你的哲理故事演讲稿的看法，比如哲理故事选得好不好、和表达的观点符合不符合等，然后提出改进意见。根据改进意见，再重新进行哲理故事演讲稿的设计。

√ 从网上或者书店里寻找名人大家的哲理故事演讲稿，通篇阅读，从中学习他们的哲理故事演讲稿设计，取其中的精华并运用到自己的演讲稿中。

√ 给自己定一个每日哲理故事演讲稿设计训练必达目标，以此来激励自己进行哲理故事演讲稿设计训练。

（2）训练笔记：

5. 共鸣故事演讲稿设计训练

在演讲中，除了哲理故事经常会被运用外，还有一种故事形式运用的也很多，那就是共鸣故事。共鸣故事就是为了证明一个事情或者说明一个道理，用大家平时都没有注意的却都能明白的一个道理或者一种大家都见过的社会现象来进行论证。共鸣故事的运用可以让听众感同身受，产生一种“要是早一些知道这个故事该多好”的感觉，这就叫引起共鸣，而共鸣故事也是最能感动听众的。那么，共鸣故事演讲稿怎么设计呢？

我们先来看一篇共鸣故事演讲稿范例：

各位朋友，大家好！今天和大家分享一个主题是点燃创业的激情。

2002 年，我进入了大学，当我进入大学那天我就告诉自己，我要自己养活我自己，我不能再让我母亲为我的生活操心，我必须通过自己的努力来完成自己的大学生活。这个时候，我开始出去找兼职工作，我跑了很多很多的公司，跑了很多很多的店铺。然而，得到的答案却都是：“对不起，我们不招人；对不起，我们人已经招满了”。后来，我在一个老乡的帮助下，终于找到一份工资很低的兼职工作，在一个餐厅里面当服务员，2 元钱一个小时。虽然工资很低很低，我依然非常珍惜这份来之不易的工作，渴望把它干好。可是，后来还是因为一点小小的失误，我又失去了这份工作。相信很多刚进入大学有激情的同学都跟我一样有过一段相似的经历！但是，生活的艰辛并不能磨灭我们心中的梦想与激情！后来我就想，为什么大学生找兼职工作这么困难？为什么现在大学生毕业以后就业这么困难？今天，我个人认为：

是因为中国缺少老板；因为中国大学生缺少创业的熏陶；因为中国绝大部分大学生都想着大学毕业以后努力去找工作、找工作，而很少有人想着去为别人创造工作。

如果我们每个都想着努力去找工作而不愿意去为别人创造工作，又哪里来的那么多岗位呢？是还是不是？所以在那个时候，我人生第二次暗暗的发誓，我告诉自己：“我一定要去为别人创造工作而不是努力去找工作，我宁可当只有一个员工的老板，也决不去做一个大型企业的打工仔。”为着这种个人的责任，我从此踏上了创业的道路，大一、大二、大三，三年的时间，我做了很多的事情，卖过电话卡，摆过地摊，开过送水站，到我大四的时候，终于有了自己的一家公司。2006 年 3 月，在我即将走出校园的时候，和千千万万大学毕业生一样，我第一次踏进了人才市场，我是去招人。当我踏进人才市场大门的时候，我被眼前的壮观景象给吓呆了，一个只有 500 家企业的招聘会，竟吸引来了 5 万名大学毕业生。此时我再也没有心情招聘，我一直在思考，为什么会有这么多大学生找工作？终于等到了下午招聘会结束，前来应聘的大学生慢慢地离开了会场。我看到了令我震惊的一幕，有的公司只招 20 个人、30 个人，却收到了上千份的简历，他们把没用的简历丢进了垃圾箱，还有收废纸的人在那回收我们辛苦制作的简历。当我看到这一幕，心里非常的难受，为了那份简历，我们寒窗 16 年；为了那份简历，我们熬更受夜；为了那份简历，我们花去了多少心血和金钱。到了人才市场却是那么的不值钱。此时此刻，我人生第三次暗暗地发誓：“我一定要通过自己的努力去改变这种现状，去激发更多大学生创业的激情、成功的梦想，让更多的大学生毕业以后都能努力去为别人创造工作而不是努力去找工作。”

（说明：大学生找工作不好找，是大家都知道的共识，想创业也是很多大学生的梦想，但是很多人没有行动，也有很多人不知道为什么创业。所有我把它讲出来，就引起了大家的共鸣。）

从上面这篇共鸣故事演讲稿中，我们可以看到共鸣故事演讲稿的设计技巧和步骤：

（1）提出要点

从上面的案例我们可以看到这篇演讲稿在一开始就直接将演讲所要表达的主题给说了出来，和大家分享的是“点燃创业的激情”。演讲一开始就告诉听众我要说什么，给听众一个心理反应的时间，也为下面的演讲做铺垫。共鸣故事演讲稿设计的第一步就是演讲者将这次演讲的主题给直接说出来，告诉听众演讲者要说什么，让听众明白他们今天来能收获什么。

（2）讲故事

从上面的案例可以看到这篇演讲稿在提出观点后，就说了几个发生在演讲者自己身上的符合提出观点的小故事来论证提出的观点，并通过这些演讲者亲身经历的故事让听众感到有趣的同时还能产生共鸣。让听众看到是什么点燃了演讲者创业的激情，是什么在一直支撑着演讲者拥有创业的激情。

由此可见，共鸣故事演讲稿设计的第二步就是讲 1 ～ 3 个符合演讲者之前提出的观点的小故事，且最好是演讲者亲身经历的故事，这样最能和听众产生共鸣，能更好地通过这些故事来论证演讲者提出的观点。

（3）得出结论

从上面的案例可以看到这篇演讲稿在讲了 1 ～ 3 个小故事之后，通过这些故事得出了一个深刻的结论：努力去为别人创造工作而不是努力去找工作。这个结论升华了之前的观点，和听众产生了共鸣，也为整篇演讲稿做了总结，为演讲稿结尾。

由此可见，共鸣故事演讲稿设计的第三步就是根据之前演讲者讲的小故事来得出一个和听众产生共鸣的结论，让听众最后恍然大悟，受益匪浅。

总的来说，共鸣故事演讲稿的设计就是先提出主题，再讲 1 ～ 3 个小故事，最后通过小故事来得出结论。不管是演讲初学者还是演讲熟练者，在写共鸣故事演讲稿时，都要按照上面的设计技巧，努力设计出优秀的共鸣故事演讲稿。

超能量演说训练

（1）为了有效学习共鸣故事演讲稿设计的技巧，请进行以下练习：

√ 熟悉共鸣故事演讲稿设计的技巧，先定一个主题，再找 1 ～ 3 个能表达出这个主题的发生在自己身上的小故事，然后按照共鸣故事演讲稿设计步骤设计一篇演讲稿。

√ 找几个朋友，让他们做你的听众，然后上台按你写的演讲稿进行演讲。演讲完后，询问听众对你的共鸣故事演讲稿的看法，比如共鸣故事选得好不好、他们有没有感同身受等，然后提出改进意见，根据改进意见，再重新进行共鸣故事演讲稿的设计。

√ 从网上或者书店里寻找名人大家的共鸣故事演讲稿，通篇阅读，从中学习他们的共鸣故事演讲稿设计，取其中的精华并运用到自己的演讲稿中。

√ 给自己定一个每日共鸣故事演讲稿设计训练必达目标，以此来激励自己进行共鸣故事演讲稿设计训练。

（2）训练笔记：

6. 情感故事演讲稿设计训练

在一场演讲中，如果没有感人的情感故事，那么演讲一定不会精彩。情感故事就是为了证明一个事情或者说明一个道理，用发生在自己身上或者是朋友身上的故事，也可以是社会热点的感人故事来进行论证。情感故事的运用可以让演讲变得更加有厚度和宽度，能够震撼听众的心灵，让演讲变得很精彩又耐人寻味。那么，情感故事演讲稿怎么设计呢？

我们先来看一篇情感故事演讲稿范例：

各位朋友，大家好！今天给大家分享一个主题叫信念。一个人获得成功，非常大的一个因素就是信念，成功的信念。2008年5月12日，四川汶川发生了8.0级大地震，当地震发生那一刻，无数的生命被压在了一片废墟之下；在那一刻，中央立即召开紧急会议，武警官兵第一时间进入抢救现场；在那一刻，是什么拯救了无数灾区人民的生命？是金钱吗？是地位吗？是权力吗？都不是，是信念，是一定要活着的信念。

5月13日下午，都江堰河边一处坍塌的民宅，数十救援人员奋力挖掘，寻找幸存者。突然，一个令人震惊的场景出现在人们眼前：一名年轻的妈妈双手怀抱着一个三四个月大的婴儿蜷缩在废墟中，她低着头，上衣向上掀起，已经失去了呼吸，怀里的女婴依然惬意地含着母亲的乳头，正在不停地吮吸，红扑扑的小脸与母亲粘满灰尘的双乳亲密地贴在一起，形成了鲜明的对比。当人们小心地将女婴抱起，离开母亲的乳头时，娃娃立刻大哭起来。看到女婴的反应，在场者无不掩面悲恸。“我无法想象，一个死去的妈妈还在为自己的孩子喂奶，从母亲抱孩子的姿势可以看出，她是很刻意地在保护自己的孩子，或许就是在临死前，她把乳头放进了女儿的嘴里。她只有一个信念，我的孩子一定要活着。”

还有一个人，5月19日，救援人员发现了他，他已经在废墟下埋了整整7天，当医护人员把他送到医院，当他醒来看到自己的孩子在身边，他说的第一句话是：“孩子，爸爸就在您身边呀！”后来有记者采访他，为什么在地下埋了7天还能坚持，他说，当时他只有一个信念，为了我的孩子，为了我的妻子，我一定要活着，我一定要坚持，他相信，只要他再坚持一段时间，援救人员一定可以发现他。因为一定要活着的信念，又拯救了一个生命。

在座的各位，让我们为那些在地震中丧生的生命祈祷吧！也为那些曾经奋战在灾区前线的无名英雄们致以最崇高的敬意！

根据上面的这篇情感故事演讲稿，超能量演说有一套情感故事演讲稿设计技巧：

（1）提出主题

从上面的案例我们可以看到这篇演讲稿在一开始就直接将演讲所要表达的主题给说了出来，和听众分享的是“信念”。通过这种方法，让听众直接明白了这次演讲的主题，并且开始对这个主题产生联想，让听众对自己接下来的收获充满期待。

由此可见，情感故事演讲稿设计的第一步就是演讲者将这次演讲的主题直接说出来，告诉听众他们这次听的演讲是关于什么的，能够收获哪方面的感悟，提起听众对接下来演讲的兴趣。

（2）讲故事

从上面的案例我们可以看到这篇演讲稿在提出观点后，说了大家都关注的汶川地震中发生的感人的小故事，其中有年轻妈妈拼死护住自己的孩子、为了自己家人坚持着的男子。通过这些小故事在让听众感动的同时，也体现了信念在这些小故事中的作用，论证了一开始提出的主题“信念”，听众可以从这些小故事中感受到信念的强大力量。

由此可见，情感故事演讲稿设计的第二步就是讲 1 ～ 3 个符合你之前提出的观点的情感小故事，可以是自己身上的故事，也可以是社会热点。通过故事，能更好地论证观点，让你的演讲更精彩。

（3）得出结论

从上面的案例可以看到这篇演讲稿在讲了几个小故事之后，就通过这些故事得出了一个结论：“信念的力量是强大的”。这个结论告诉了听众信念的作用，为之前的小故事里蕴含的感情做了总结和升华，也为整篇演讲稿做了结尾，让演讲更耐人寻味。

由此可见，情感故事演讲稿设计的第三步就是根据之前你讲的小故事来得出一个饱含情感的结论，以此来升华主题，感动听众，让听众在演讲结束后还能久久回想。

总的来说，情感故事演讲稿设计就是先提出主题，再讲 1 ～ 3 个衬托主题的小故事，最后通过小故事来得出结论。不管是演讲新手还是演讲老手，在写情感故事演讲稿时，都要按照上面的设计技巧，努力设计出优秀的情感故事演讲稿，来感动听众。

超能量演说训练

（1）为了学会情感故事演讲稿的设计，请进行以下练习：

√ 熟悉情感故事演讲稿设计的技巧，先定一个主题，再找 1 ～ 3 个能表达出这个主题的发生在自己身上的或者相关社会热点的小故事，然后按照情感故事演讲稿设计步骤设计一篇演讲稿。

√ 找几个好朋友，让他们做你的听众，然后上台按你写的演讲稿进行演讲。演讲完后，询问听众对你的情感故事演讲稿的看法，比如情感故事选得好不好、他们有没有被感动到、演讲完后有没有耐人寻味的感觉等，然后提出改进意见，根据改进意见，再重新进行情感故事演讲稿的设计。

√ 从网上或者书店里寻找名人大家的情感故事演讲稿，通篇阅读，从中学习他们的情感故事演讲稿设计，取其中的精华并运用到自己的演讲稿中。

√ 给自己定一个每日情感故事演讲稿设计训练必达目标，以此来激励自己进行情感故事演讲稿设计训练。

（2）训练笔记：

7. 责任与感恩故事演讲稿设计训练

在演讲中，什么样的故事最能让听众听得热泪盈眶，那就是责任与感恩的故事。责任与感恩故事就是为了证明一个事情或者说明一个道理，用发生在自己身上的或者是社会热点的关于感恩他人、担负责任的故事来进行论证。责任与感恩故事的运用可以让演讲变得富有内涵，让演讲变得更加精彩。在演讲主题的选择中，想要让演讲变得震撼，责任与感恩是永恒不变的主题。那么，责任与感恩故事演讲稿应该怎么设计呢？

我们先来看一篇责任与感恩故事演讲稿范例：

今天要跟大家分享一个非常重要的内容——感恩。感恩父母，感恩老师，感恩朋友……

当我来到这个世界的时候，家庭一贫如洗，一家几口挤在一间破旧的土墙房里。夏天的时候，我没有鞋穿，不管到哪里都是赤脚走路，脚板和脚趾都磨起了厚厚的皮茧。记忆犹新的是，小学每年上学都是父亲三番五次地恳求老师担保，先领取课本再补交杂费，然后是妈妈在家里不辞辛劳地喂猪、养鸡、种菜挣钱，我看到妈妈起满老茧的双手，穿着打满补丁的衣服，身材矮小的她挑着大粪去种菜，妈妈辛苦种下长好的新鲜菜一点舍不得吃，全部拿去变卖成钱供我上学，家里吃的都是卖剩下的菜，这样才让我度过了一年又一年的学习生活。我妈妈不仅要供我上学，还要供我的三个弟弟上学。每当我回想到这一幕，我简直不敢想象我母亲是怎么度过、怎么坚持下来的。那个时候，我就暗暗发誓，我一定要通过自己的努力来改变整个家族的命运，我一定要在最短的时间，获得成功，回报我的母亲，让她过上真正幸福快乐的生活。美国人约翰·富勒曾说过一句话，对我影响非常大，今天我把它分享给大家，约翰·富勒说："今天，虽然我不能成为富人的后代，但是我能够成为富人的祖先！"

父母的付出比山高、比海深。学会去感激别人是自己的一份良心、一份孝心，因为如此，才会有和睦、有快乐、有彼此之间的敬重！怀着一颗感恩的心，去看待社会、对待父母、关爱亲朋，你将会发现自己是多么快乐！敞开自己的胸怀，让霏霏细雨洗涮心灵的尘埃，学会感恩，因为这会使世界更美好，使生活更加充实！

感恩的心，感谢有您！感谢父母，感谢老师，感谢朋友，感谢坎坷，感谢对手，感谢领导，感谢我们身边的每一位贵人！

让我们把最热烈的掌声献给我们远方的父母，是他们给了我们这一次生命，让我们能来到这个世界走一回。掌声再热烈一点。

最后把掌声，献给最棒的我们自己，因为我们的存在，这个世界变得更加精彩！

根据上面的这篇责任与感恩故事演讲稿，超能量演说有一套责任与感恩故事演讲稿设计技巧：

（1）提出主题

从上面的案例我们可以看到这篇演讲稿在一开始就直接将演讲所要表达的主题给说了出来，和听众分享的是"感恩"。通过这种直述主题的方法告诉听众他们接下来能够收获什么，既为演讲者接下来的演讲定下主题，也让听众对之后的演讲心里有数，充满兴趣。

由此可见，责任与感恩故事演讲稿设计的第一步就是演讲者将这次演讲的主题直接说出来，告诉听众演讲者要说什么，让听众对接下来的演讲有一个直接的印象，不会稀里糊涂地听不懂演讲者在说什么。

（2）讲故事

从上面的案例我们可以看到这篇演讲稿在提出观点后，就讲了一个发生在演讲者身上的关于他父母亲含辛茹苦养育他们兄弟四人的小故事。通过这个小故事，听众可以看到父母对孩子的爱和责任，在感动听众的同时，也论证了感恩的必要性。有如此好的父母，怎么能不感恩。

由此可见，责任与感恩故事演讲稿设计的第二步就是讲 1 ～ 3 个责任与感恩的小故事，最好是自己身上的故事和别人的故事各一个，这样更有带入性，更有说服力。

（3）得出结论

从上面的案例可以看到这篇演讲稿在讲完小故事之后，得出了一个结论："我们必须要学会感恩"。这个结论总结了我们为什么要去感恩的问题，就是因为有无数人在帮助我们，所以我们要想获得成功，就必须要去感恩。在升华了演讲主题的同时也结束演讲。

由此可见，情感故事演讲稿设计的第三步就是根据之前讲的小故事来得出一个关于责任与感恩的结论，告诉听众为什么要感恩、要担负责任，让演讲变得震撼，让听众久久不能忘记。

总的来说，责任与感恩故事演讲稿设计就是先提出主题，再讲 1 ～ 3 个蕴含主题的小故事，最后通过小故事来得出结论。不管是演讲新手还是演讲老手，在写责任与感恩故事演讲稿时，都要按照上面的设计技巧，努力设计出优秀的责任与感恩故事演讲稿，让演讲变得震撼。

超能量演说训练

（1）为了学会责任与感恩故事演讲稿的设计，请进行以下练习：

√ 熟悉责任与感恩故事演讲稿设计的技巧，先定一个主题，再找 1 ～ 3 个能表达出这个主题的发生在自己身上或者别人身上的小故事。要注意故事用得适当，不然达不到震撼的效果，反而失去了这个故事本身的价值。然后再按照情感故事演讲稿设计步骤设计一篇演讲稿。

√ 找几个朋友，让他们做你的听众，然后上台按你写的演讲稿进行演讲。演讲完后，询问听众对你的责任与感恩故事演讲稿的看法，比如责任与感恩故事选得好不好、他们有没有热泪盈眶、听完演讲后有没有明白责任和感恩的必要性等，然后让听众提出改进意见。根据改进意见，再重新进行责任与感恩故事演讲稿的设计。

√ 从网上或者书店里寻找一些责任与感恩故事演讲稿的例文，通篇阅读，从中学习责任与感恩故事演讲稿设计理念，取其中的精华并运用到自己的演讲稿中。

√ 给自己定一个每日责任与感恩故事演讲稿设计训练必达目标，以此来激励自己进行责任与感恩故事演讲稿设计训练。

（2）训练笔记：

第7章 演讲流程训练：如何做好演讲的准备

★学习导航

通过本章学习，你将能够：

- 了解演说家进行演讲流程训练的重要性。
- 学习演讲流程训练的方法与技巧。
- 掌握如何完成演讲流程，做好演讲的准备。

1. 演讲前必做的准备

一场好的演讲可以让听众从中收获满满，甚至改变一个人的人生道路，所以演讲需要一种直达心灵的力量。因而演讲是不能随意的，它是复杂的，就像一台精密的机器由很多零件组成一样，演讲也由很多的因素组成。但是演讲的能力是可以练出来的，所以我们每一次在演讲前都要经过周密的准备，要将演讲前必做的准备工作做好，这样在演讲时就不会出现意外情况，每一个因素都能够放到正确的位置上，那演讲也就可以顺利地完成了。如果演讲前的准备工作做不好，那演讲可能就会麻烦频出，草草收场。那么，演讲前的准备应该怎样做呢？

超能量演说有一套演讲前必做的准备工作：

（1）材料内容的准备

①整理演讲材料，写成演讲需要的演讲稿或者 PPT（演示文稿），两种形式都可以将内容展现出来。

②演讲时除了演讲稿，还需要在一些场合用到一些辅助工具。比如演讲中为了能更好地展现演讲内容的道具，演讲中的主持人或者串场演讲辅助人员。

③演讲除了用一张嘴说，还要准备一些辅助的资料。比如在讲故事时烘托气氛的音乐、在讲观点时帮助论证的视频等。

（2）演讲前的练习准备

①将演讲稿记得滚瓜烂熟，里面的内容要张口就来，可以通过大声朗读来记忆背诵。

②演讲不是上台说一遍演讲稿就可以了，演讲是表演，其中的开场、主持人的介绍、与听众的互动、气氛的调动和起承转合各个环节都很重要。所以要事先准备演讲的大纲，这是整场演讲的行动指南。

③在练习演讲时进行录音，这是最简单的提升演讲练习效果的方法。通过听录音，站在一个听众的角度，演讲者可以清晰地听到自己演讲里的缺点和不足，就可以更好地改进自己的演讲方式，找到演讲的感觉。

④因为演讲的时间是固定的，所以在演讲时你要掌握好时间，这个要通过练习来掌握好尺度。如果时间超了，可以通过删减演讲内容来保证演讲时间在一个合格范围内。演讲者也可以戴手表等计时工具，来保证自己了解时间的走向。

⑤在正式演讲前一定要进行排练，可以让演讲者熟悉正式演讲的步骤和方法，这样在正式演讲时就不会因为不熟练而慌乱。注意排练要规范，不能随便为之，排练的次数不能少于五次，且必须至少有一次是要在演

讲者的家人或者熟悉的人面前排练，这样可以更好地消除演讲者的紧张，而他们也能更好地给演讲者提意见。

（3）演讲前了解听众的准备

在演讲中，演讲者虽然是主导，但一场演讲的好与坏还要听众来评判，所以听众是至关重要的。这就需要演讲者在演讲前就对听众进行分析、了解，演讲者需要了解以下几个方面：

①听众的社会地位；

②听众的年龄大小；

③听众的文化水平；

④听众的男女比例；

⑤听众的经济收入。

根据听众的特点，演讲者就可以有针对性地对演讲稿进行修改，让演讲变得更符合听众的口味，那演讲也就更容易成功。

（4）了解演讲场地的准备

①演讲者必须在正式演讲前提前到达演讲场地，熟悉舞台的大小、高度、设施。这样演讲者的心里就有了底，在正式演讲时就不会慌乱，即便有什么意外发生，也知道要如何补救，不会手足无措。

②熟悉在正式演讲时将要使用的麦克风，了解它的开关位置，握住试试手感，调好音量，以便在正式演讲时能够拿到就用。如果麦克风有问题，就赶快更换，不要影响正式演讲。

③在正式演讲前，提前播放音乐，既给听众留下一个不错的印象，也省去了在正式演讲中再开音乐耽误时间。

④在正式演讲前，把演讲时要用的道具准备好，放到演讲者伸手可及的地方。让演讲者在演讲时直接就能使用道具，不需要再让人搬上搬下，

打断演讲者的演讲。

⑤在正式演讲前，一定要与主持人或者这场演讲的组织者进行沟通，问他们有没有在演讲时需要注意的地方，并且提出演讲者在演讲时的要求让他们配合。

（5）调整情绪状态的准备

在正式演讲前，情绪状态至关重要。一个好的情绪状态，可以让演讲者有如神助，演讲激情不断；而一个不好的情绪状态，则会让演讲者萎靡不振，演讲没有激情，所以我们需要调整情绪状态：

①演讲者首先要放松神经，不能让神经一直紧绷，不然会出现紧张、放不开的情况。

②回忆要演讲的内容，一些关键点在脑海里过几遍，防止到舞台上忘词。

③想象自己演讲现场成功的场面，听众欢呼，演讲者也满面红光。用这个来激励自己，告诉自己演讲一定会成功，给自己加油打气。

④正式演讲前进行热身运动，活动开了身体，同时也舒缓了心中的压力。

⑤在正式演讲前，进行深呼吸，再慢慢吐气，可以舒缓演讲者内心的焦躁和紧张，同时给自己信心。

总的来说，演讲前的准备是必须要有，且是至关重要的。为了成功地完成一场演讲，演讲者必须要熟练掌握以上五大准备工作。只要将它们做细，做到实处，就能真正为演讲提供助力。不管是演讲初学者还是演讲熟练者，只要按照这个演讲前的准备流程去做，就可以从容不迫地走上舞台，并且拥有强大的自信去驾驭舞台。

超能量演说训练

（1）为了做好演讲前必备的准备工作，请进行以下练习：

√ 先熟悉以上五大准备工作，再假设你不久后就要演讲，然后去实地完成这五个准备工作，体会其中的感觉。

√ 多多练习这五个方面的准备工作，将流程练熟，在之后真正演讲时再做演讲前的准备就轻松了。

√ 给自己定一个每日演讲前准备工作训练的必达目标，来激励自己进行演讲前准备工作训练。

（2）训练笔记：

2. 如何克服紧张情绪

在演讲中，紧张是一个普遍问题，不管是演讲老手还是演讲新手，在上台后不可避免地都会有紧张情绪，紧张会让演讲者的演讲变得磕磕绊绊，逻辑混乱。但演讲者不需要为自己上台演讲紧张而感到不好意思，因为紧张是很普遍的情绪，演讲者要用平常心去看待。演讲者需要做的是努力去克服紧张，不要让紧张成为演讲的绊脚石，做到演讲行云流水，大方自信。那么，应该如何克服紧张情绪呢？

超能量演说有一套克服紧张情绪的方法：

（1）演讲前的充分准备

很多人在演讲中紧张的主要原因就是事先准备不充分。因为准备不充分，所以在演讲中就会很怕犯错，而越怕犯错，就会越紧张。因为自信来源于充分的准备，所以演讲者必须在演讲前就要有充分的准备，将演讲前的五大准备工作都要细致地完成，这样心里不慌，也就不会紧张了。

（2）自信暗示

很多人在演讲中紧张还有一个原因就是没有自信，想将演讲弄得完美，在演讲中却患得患失，弄得自己最后反而紧张了。这就是没有自信的表现，不相信自己的演讲能成功。演讲者需要在演讲前暗示自己，比如我一定会演讲得很成功、听众一定会喜欢我等。这样在正式上台后紧张感就会减弱，心里充满自信。

（3）记住演讲提纲

很多人脱稿演讲，但又怕忘记演讲稿的内容，在演讲中就会十分紧张，讲得小心翼翼，完全放不开。为了克服这种情况，演讲者需要将演讲稿背熟，记在脑子里。如果演讲者做不到这一点，那么就要记住演讲中每一段的小标题以及这些小标题里的论点。只要记住这些演讲提纲，那演讲稿的内容基本也就围绕这个提纲，演讲就不怕记不住了，也就不会紧张了。

（4）目光交流

演讲者如果在演讲前紧张，那在上台后，先不要开讲，先定一下，用目光和听众对视，渐渐地演讲者会发现演讲没什么可怕的，就不会紧张了。

（5）呼吸调节

如果演讲者和听众目光对视反而越来越紧张，也可以不用对视。在上台后，先定一下，全身放松做深呼吸，压下心中的焦急，平稳自己的情绪，厘清头脑，让整个人放松下来，就不会感到太紧张了。

（6）调整动作

在上台前，紧握双手，让自己全身紧绷然后再放松，反复练习几次。也可以跑步或者大声地喊“YES”，这是通过动作的发泄来释放心中的紧张情绪，给自己壮胆，十分实用。

总的来说，演讲中的紧张情绪是演讲者在演讲中一定会遇到的，我们需要牢牢地记住以上克服紧张情绪的方法，在生活中要多多练习，让自己时刻保持自信，在以后正式的演讲中，演讲者就能够完美克服自己的紧张情绪，让自己不再紧张，让演讲变得一帆风顺。

超能量演说训练

（1）为了克服紧张情绪，请进行以下练习：

√ 先熟悉以上克服紧张情绪的方法，多多练习，将其练熟。

√ 邀请你的家人、朋友，让他们做你的听众，在他们面前光明正大地进行演讲。之后向他们询问你演讲时紧不紧张，有什么意见。也可以在演讲时进行录像，演讲完后再看录像，来观察自己有没有紧张，更好地改进自己。要多多练习，练习得越多越熟练，做得就越好；

√ 给自己定一个每日克服紧张情绪训练的必达目标，来激励自己进行克服紧张情绪训练。

（2）训练笔记：

3. 每天坚持基本功训练

演讲是一门技术活，是靠嘴巴吃饭的。既然是技术活，那自然是需要训练和保持的。如果你长时间不演讲，也不进行演讲练习，那你嘴巴的灵活度就会下降，你的说话技巧就会下降。这些技术都下降了，那你的演讲能力自然而然不可避免地也会跟着下降，到最后你就会忘了该如何演讲。所以，我们需要每天坚持进行演讲的基本功训练，来保持对演讲的感觉，来保证自己不会忘了演讲的基本技巧。这样即便你有很长一段时间没有再去演讲，但每天的基本功练习依然可以让你重返舞台后不会显得陌生，忘了演讲该如何做。那么，如何每天坚持演讲基本功训练呢？

超能量演说有一套每天基本功训练的方法：

（1）基础练习

①体能训练 5 分钟；

②口腔训练 3 分钟；

③气息训练 5 分钟；

④发声训练 5 分钟；

⑤微笑与眼神训练 3 分钟；

⑥引爆肢体训练 3 分钟；

⑦肢体动作训练 5 分钟；

⑧演讲信念训练 3 分钟。

基础练习是训练演讲必须掌握的基础技巧，我们可以参照之前的训练技巧来进行训练。每天进行体能训练可以保持演讲者的体能强度，每天进行口腔、气息、发声、微笑与眼神、肢体训练可以保持演讲者的演讲方式熟练度，每天进行演讲信念训练可以保持演讲者激情向上的心态。进行基础练习训练，让演讲者不会对演讲基础技能陌生，到台上后不会出现眼神不知道往哪儿看、手不知道怎么动、嘴不知道怎么笑的尴尬境地。一般基础练习每日保持在 30 分钟左右。

（2）朗读与模仿练习

①寻找一篇文章，每天进行大声且有感情的快速朗读训练 30 分钟。

②从网上找到名家进行演讲的视频，每天模仿名家的演讲练习 30 分钟。

每天进行朗读与模仿练习，可以帮助演讲者保持对嘴巴灵活度的锻炼，帮助演讲者保持正确演讲的节奏感觉，让演讲深入人心，演讲者一张口就能展现演讲的节奏和感觉，而不用花时间去慢慢调整。一般朗读与模仿练习每天保持在一个小时左右。

（3）语感与演讲稿练习

先设计一段你觉得好的演讲开场白和 10 分钟的演讲稿，每天都花时间来练习这段演讲稿，以此来保持演讲的语感和节奏。对着镜子每天练习这段演讲稿，在保持演讲的语感时同时保持演讲的面部表情和肢体动作。

也可以找名家的演讲稿，从中截取一些优秀片段进行演讲练习。每天练习一段演讲稿，分段练习，不用一次性练习全部的演讲稿，只需要练习一段大概 15 分钟的演讲稿就行了。但这段演讲稿要连续练习 5 ～ 10 遍，这样可以更熟悉演讲稿，更好地把握这些优秀演讲稿片段的语感，更好地保持这种演讲感觉，这比整篇练习演讲稿效果要更好。一般语感与演讲稿练习每天保持在 30 分钟左右。

总的来说，演讲就如逆水行舟，不进则退。不管是演讲新手还是演讲老手，都需要按照上面的流程每天进行演讲的基本功训练，保持对演讲的熟练和感觉。要注意千万不能偷懒，每天都要抽出 2 个小时的时间进行训练，一直保持。可能短时间内看不出什么效果，但只要你一直坚持训练，在演讲真正来临的时候，每天的演讲基本功训练一定会给你一个惊喜。

超能量演说训练

（1）为了坚持基本功训练，请进行以下练习：

√ 熟悉以上提到的每天演讲基本功训练的方法，并将其写在一张纸上，每天都要严格按照计划来进行演讲的基本功训练。

√ 邀请你的家人、朋友，让他们做你的监督者，告诉他们你的每天基本功训练计划。如果你偷懒，不能每天都按时且保证质量地完成演讲基本功训练，就让他们提醒你，督促你完成每天演讲基本功训练。

√ 给自己定一个每日基本功训练的必达目标，来激励自己进行每日基本功训练。

（2）训练笔记：

PART 2
演讲实战技巧

第 8 章　演讲开场技巧：如何打造演讲第一印象
第 9 章　演讲互动技巧：如何通过互动控场
第 10 章　演讲语言技巧：如何用语言让演讲更精彩
第 11 章　演讲危机处理技巧：如何应对突发事件
第 12 章　演讲结束技巧：如何设计演讲的结尾

第 8 章
演讲开场技巧：如何打造演讲第一印象

★学习导航

通过本章学习，你将能够：

- 明确演讲开场的重要性。
- 了解如何打造完美第一印象的方法。
- 掌握设计精彩的演讲开场方式。

1. 如何进行自我介绍

从整篇演讲的内容结构来看，自我介绍在整个演讲内容中所占有的比例非常少，只是简短的几句话，时间也非常短，但是自我介绍在整篇演讲中的作用却不容小觑，有时候精彩的自我介绍不仅能够给听众留下好印象，为演讲内容锦上添花，还能够激发听众的兴趣，有效推动演讲的进展。

如何在极短的时间以及简短内容中，呈现出最佳的自己？

（1）口齿清晰

在演讲中自我介绍属于第一个环节，这个环节往往能够最大限度地吸引听众的眼球、集中听众的注意力。他们会在这个环节中格外注意演讲者的一举一动，尤其是口齿的清晰度。所以演讲者在自我介绍的时候，要整理好自身情绪，说话做到稳重、清晰、精准。

某个演讲者天生口吃，虽然在演讲中大家都很同情他，愿意倾听他的演说，但是由于他在演说的时候语速时快时慢，声音时大时小，有时候还会硬生生地卡在那里说不出来话，严重影响了观众对于信息的接收效果，在演讲开场白部分观众就对他的演讲失去了耐心和兴趣。最终即便他很努力，但还是没能将整个演讲讲好。

所以，对于演讲者来说，很有必要将口齿发音到位，即便是没有口吃，也应该尽可能地时常训练自身的科学发声，真正训练出有磁性、有穿透力的声音，尽可能地在演讲开场白中就能够一鸣惊人。

（2）节奏合理

悦耳的音乐讲究节奏感，动听的言语也讲究一定的节奏感。演讲中的节奏感并不是后台配音师给的，而是需要自身通过在语调和语速上合理掌控来加以呈现。在自我介绍环节中，对于语速方面不需要有太大的变化，应该尽可能地匀速、标准，确保每位听众都能够精准而清晰地抓住信息。对于语调方面，也不需要有明显的高低起伏，根据自身风格，可以是温婉型、亲和型，也可以是激情、澎湃的类型。但需要注意的是不能像机关枪一样，还没等听众反应过来就说完了，这样的自我介绍不仅不能使听众消化，甚至会给听众留下焦躁、不稳重的印象。

（3）热情自信

热情自信首先体现的是气场。气场可以凸显出一个人的人格魅力，热情自信的自我介绍在整篇演讲中占有一定的先机，是观众们喜闻乐见的一种表达方式。从某种程度上来说，演讲就是一场自信心的较量，一个充满自信的人不仅能够彰显出强大的人性光彩，还能够将整篇演讲内容有血有肉地展现在听众面前。总之，它是一个成功演讲者必备的素质。

《超级演说家》第二季的演讲选手刘媛媛在演讲《寒门贵子》中讲道：

我一直觉得自己特别幸运，我爸跟我妈都没怎么读过书，我妈连小学一年级都没上过，她居然觉得读书很重要，她吃再多的苦也要让我们三个孩子上大学。我一直也不会拿自己跟那些比如说家庭富裕的小孩去做比较，说我们之间会有什么不同，或者有什么不平等。但是我们必须要承认，这个世界是有一些不平等的。他们有很多优越的条件，我们都没有；他们有很多的捷径，我们也没有。但是我们不能抱怨，每个人的人生都是不尽相同的。

在整个演讲开场白乃至整个过程中，刘媛媛一直表现得热情大方、慷慨激昂，整张脸都洋溢着高度的自信。她并没有因为出身贫穷而放弃自己的坚持，放弃自己的梦想。同时她的演讲也鼓励了很多努力拼搏、有梦想的年轻人。这种热情自信的演讲显然会受到广大听众的支持与喜爱，给演讲增添更多的能量。

（4）语言精练

在自我介绍时，考虑到时间因素，我们需要尽可能地将语言精练、简化，让语言一目了然、一语中的。如果一味地介绍一些无关紧要的内容，不仅让听众抓不住重点，更会让听众失去耐心。

大家好，我叫余江雁，是一名空姐。请大家想象一下，在蔚蓝的天空，有一只大雁在飞翔，搏击长空，那就是我，余就是我的意思啊。我的名字：一只在天空翱翔的大雁。

演讲者利用开头短短两句话既道出了自己的姓名和职业，又体现出自身的想象力和语言的组织能力，给听众留下了深刻的印象。

（5）幽默风趣

许多人在自我介绍的时候，习惯采用模式化的介绍方式。仿佛在报户口、填简历。比如："我叫……出生……职业……爱好……"这种如同履历表般的自我介绍，不仅着实乏味，更是难以给听众留下深刻的印象。而有趣的自我介绍不仅可以展现出闪光的自己，还可以活跃现场的气氛，给听众带来轻松愉悦的气氛。

胡适在一次演讲时这样开头："我今天不是来向诸君做报告的，我是来'胡说'的，因为我姓胡。"话音刚落，引起听众哄堂大笑。

这个幽默风趣的自我介绍既巧妙地介绍了自己，又体现了演讲者谦逊的修养，同时也活跃了现场的气氛，拉近了演讲者与听众心理上的距离，一石三鸟，堪称一绝。

超能量演说训练

1 分钟自我介绍设计：

2. 演讲开场的万能公式

一个漂亮的开场白是演讲成功的必备要素。开场白不仅决定了演讲的开篇高度，更是决定了演讲者给听众留下的第一印象。但是想要让开场白在演讲时一鸣惊人、大放异彩，却并非易事。俄国大文学家高尔基说：“最难的是开场白，就是第一句话，如同在音乐上一样，全曲的音调，都是它给予的。”也就是说，演讲的开场白如同音乐的“定调”，奠定着整篇演讲的基调，决定着整篇演讲的基本面貌和风格。

如何为听众呈现出一个精彩的开场白？超能量演说有一套演讲开场的万能公式：精彩开场白 = 基本礼仪 + 基本信息 + 个人成就 + 梦想计划。

（1）基本礼仪

说话讲究文明，演讲讲究礼仪，演讲比日常说话的要求标准更胜一筹。演讲中合理得体的礼仪能体现出一个演讲者内在素养，它是演讲者的一张外在名片，也是建立良好印象的开始。开场白中的基本礼仪主要包括：微笑、问好（打招呼）、鞠躬。我们经常可以看到一些演讲者面带微笑地走上舞台，还有一些演讲者还没走上舞台中间就开始热情地打招呼。从这种打招呼中我们可以明显地感觉到演讲者的热情和气场，不仅体现了对听众的尊重，也调动了现场的气氛，有利于建立良好的第一印象。

（2）基本信息

基本信息主要包括姓名、年龄、来自哪里、职业等。这些基本信息不仅能够帮助听众充分了解演讲者的个人特点，也有利于演讲内容的进一步展开。对于基本信息的介绍不需要多么华丽的辞藻，也不需要太多的渲染，唯一需要的就是将个人信息一个字一个字有力地说出来，吐字要清晰，这样才能够让别人记得住。可以简单地介绍一下名字的含义，但是不用太啰唆、兜圈子，因为有时候精练的语言比长篇累牍更加吸引人。

（3）个人成就

个人成就在自我介绍中起到增光添彩的作用。很多人都喜欢在舞台上借助头衔或者是一些丰功伟绩来修饰、衬托自己。这种自我展现的成效也是显而易见的，但是对于个人成就的介绍需要点到为止，而不是得意忘形、洋洋洒洒地炫耀。总之，既要体现出自己有所成就，又要显现出自身的谦逊与沉稳。

（4）梦想计划

在演讲开场白中，最后一个小环节就是需要对于自身的梦想以及对当下或者是未来做一种期盼和展望。之所以需要说出自己对未来的计划，一方面是给自己提供一个明确的奋斗方向，通过公众承诺来激励自己；另一方面是让更多的人知道你的目标是什么，以便于获得更多人的支持。同时，说出自己的梦想和计划会获得更多人的尊重，博得更多人的好感，听众也会受到鼓舞。总之，无论于自己，还是于听众，都能够带来益处，都能够帮助演讲获得更好的效果。

例如，“我最大的梦想就是能够在自己的职业岗位上发挥余热，给更多人带来快乐和温暖。”“我尊重每一个有梦想、有热血的人，因为我和他们一样，也渴望成为一个优秀、卓越的人。”“我下一步的目标就是将整个团队培养成一个无所畏惧、无所不能的超级队伍，并且我相信通过公司上下的齐心协力，风雨同舟，一定可以创造出美好的明天！”

这些愿景和计划最能打动听众并且调动听众的积极性。因为在大众审美范围内，人们更加倾向于接受正能量、接受美好的事物，这一点毋庸置疑。

因此，在演讲开场白中，梦想和计划还是需要有的，它能够体现出演讲者在精神层面的风貌以及演讲者的胸怀和抱负。

超能量演说训练

按照演讲开场的万能公式，为自己设计一个 3 分钟的演讲开场：

3. 六种经典的演讲开场方式

任何形式的演讲，开头总是关键。一般情况下，不凡的开场白总能够唤起听众的兴趣和求知欲，使得听众深深地陷入演讲的氛围之中。这种精巧的开头，虽短小，却精湛十足，勾勒提要，能够自然顺畅地引领下文，将听众带入一个声情并茂的演讲情景之中。

作为一名演讲者想要造就不凡的开场白，具体需要从以下六种经典的开场白入手：

（1）开宗明义，直奔主题

开门见山的开场白在传统作文中时有体现，它也是演讲者常用的开头方式。这种开头方式言简意赅、干脆利落、观点鲜明，直截了当地奔向演讲的主题，符合听众一般的心理接受要求。

在演讲《战士的爱》时，杨耀是这样开始的：

“朋友们，听到这个题目，在座的许多同志也许会联想到爱情。是的，爱情是神圣的，也是美好的。可是，我今天所要讲的，却是一种更高意义上的具有更强生命力的爱。这，就是战士的爱！”

杨耀在开场白中，没有过多冗长的语言，也没有太多的渲染铺垫，直接用精练的语言将听众带入充满激情的氛围当中，然后将内容落实到演讲的中心主题——“战士的爱”上面。不仅激起了听众对演讲内容的兴趣，也自然而然地引出了下文。

（2）巧妙提问，设置悬念

在演讲中，提问式开头是吸引听众注意力的有效方法。通常情况下，人们对于一些带有疑问性的话题都会充满好奇，有着强烈的获取答案的欲望，这种心理上的好奇和欲望会让听众想要进一步了解、探索。因此，演讲者可以在开头设置一些悬念，一上台就向观众提出一些有探索性的问题，请大家一起思考，这样不仅可以迅速引起听众的兴趣，将听众带入演讲的氛围中来，也可以激发听众的思考，增加他们对演讲内容认识的深度和广度。

例如一篇以《职业和理想》为题的演讲稿：

为什么有的人拼命工作却乐在其中？为什么有的人工作清闲却总是吐槽？为什么同一所学校同一个专业同一个岗位，五年后薪资却相差十倍？为什么我们的师兄师弟们失业率那么高？跳槽率也狂高？为什么社会上总是在说 90 后不靠谱？作为职业大军中的一员，今天就个人观点来谈谈这个问题。

这一系列的疑问，全面地道出了绝大多数职业人的心理。这与人们的生活息息相关，很多人在工作过程中都会遇到类似的问题。针对演讲者的提问不仅能够在很大程度上唤起听众的兴趣和共鸣，也能够给听众提供一些详细的见解和解决方案，所以说这种提问式的开场白是占据一定优势的。

（3）故事生动，引人入胜

众所周知，听众们都喜爱听故事，故事能够在一定程度上激发听众的好奇心、想象力，使得听众愿意主动融入故事情景之中。但是对于故事的选取需要谨慎，演讲者需要尽可能地挑选一些内容简短、语言生动的故事。例如，当下社会的新闻事件、人物传奇、历史故事、趣味故事……这些故事对于听众来说都有着强大的吸引性，都能够唤起听众强烈的心理感应，带动听众的情绪。

（4）诙谐幽默，有趣有料

幽默是一种有趣的力量，它可以增强一个人的人格魅力。在演讲开场白中讲究听众的第一印象，所以对于演讲者而言，想要快速博得听众的好感，利用幽默有趣的开场白倒是一计良策。

台湾影视艺术家凌峰曾经在春节联欢晚会上利用了幽默的开场方式：

“在下凌峰，我和文章不同，虽然我们都得过金钟奖和最佳男歌星称号，但我以长得丑而出名……一般来说，她们认为我是人比黄花瘦，脸比煤炭黑。”

这种自嘲式的开场白既体现出了自身的幽默风趣，又体现出了个性鲜明、为人谦逊的特点。在逗得听众捧腹大笑的同时，也给听众留下了深刻的印象。

（5）引用名言，意蕴丰富

简洁优美、极富哲理的句子就好像是演讲内容的“增鲜剂”。这种句子往往蕴含着丰富的文化底蕴，哲理性和启迪性较强，有着导向性和吸引眼球的作用。演讲者在演讲开头使用一些哲理性或者是优美的句子可以提高演讲的高度，使得演讲内容更有价值。

（6）实物展示，虚实结合

演讲者开讲之前向听众展示某件实物，给听众以新鲜、形象的感觉，引起他们的注意。实物可以是一幅画、一张照片、一张图表、一件衣服等。

实物展示就是通过向听众展示一些道具来博得听众的兴趣，充分调动起听众的好奇心理和期待心理，给听众营造一种新颖、生动的画面感。一般情况下，演讲的实物可以是图画、衣物、器具，等等。但是实物展示需要注意的是：道具与演讲的相关度需要紧密贴合，道具需要充分考虑演讲空间等具体条件。

总的来说，演讲开场白方法层出不穷，没有具体的标准，除了以上六种经典的演讲开场方式以外，它还可以是多种形式的展现。但是万变不离其宗，开场白终究是为吸引读者兴趣、加深读者印象，引起下文而服务。正如瑞士作家温克勒说："开场白有两项任务，一是建立说者与听者之间的感情；二是如字意所示，打开场面，引入正题。"既能博得听众的好感，又能巧妙地引出下文，这才是演讲开场白的宗旨所在。

超能量演说训练

为了熟练掌握经典的演讲开场方式，请从以上六种经典的演讲开场方式中任选两种进行设计：

第 9 章
演讲互动技巧：如何通过互动控场

★学习导航

通过本章学习，你将能够：

- 明确演讲互动的重要性。
- 学习如何通过互动控场。
- 掌握优秀的演讲互动技巧。

1. 化句号为问号

在演讲中，互动是至关重要的，而化句号为问号就是其中一种重要的互动方式。化句号为问号就是一句话说完后，在后面加上“好不好”“是不是”“对不对”等词语，然后让听众回答。这样听众在回答的时候就和演讲者产生了很好的互动，既活跃了现场的气氛，让气氛变得热烈，也让听众有一种加入了演讲的感觉，让演讲者能更好地调动听众的情绪。

那么，如何在演讲中完美地化句号为问号，而不显得生硬呢？我们通过下面的例子来学习。

举例一：是不是

演讲者：各位，如果今天我们大学生都想着毕业以后努力去找工作，而不愿意去自己创业，哪里来的那么多岗位呢？我们的工作也就自然而然地越来越难找了，是不是？

听众：是！

演讲者：如果我们能帮助更多的人，让更多的优秀演说家诞生，而有更多的优秀演说家，就可以去帮助更多的人获得成功，是不是？

听众：是！

举例二：要不要

演讲者：各位，为了我们的家人，为了我们自己，为了我们的国家，我们要不要成功？

听众：要！

演讲者：为了帮助更多的人获得成功，我们要不要把自己的演讲水平练得更好？

听众：要！

演讲者：要把演讲水平练好，我们要不要付出比别人更多的努力？

听众：要！

举例三：可不可以

演讲者：大学生要辍学创业可不可以？

听众：不可以！

演讲者：我们学演讲只进行三天的训练，以后就再也不训练了，可不可以？

听众：不可以！

举例四：好不好

演讲者：再次祝福在座的每一个朋友，在见到我的这一刻起，家庭更加幸福，事业更加成功，人生从此一鸣惊人，好不好？

听众：好！

演讲者：今天我将结合我自己在大学四年创业的一些经历和我这两年去参加的各种培训班所学到的成功方法，毫无保留地分享给大家，让你们在原本就很优秀、成功的基础上迈向更大的成功，好不好？

听众：好！

举例五：对不对

演讲者：各位，如果我们的口才和演讲水平练好后，我们的影响力就会更大，对不对？

听众：对！

演讲者：当我们影响力更大以后，我们就可以去赚更多的财富，对不对？

听众：对！

演讲者：当我们有足够多的财富时，我们就有能力去帮助更多的人，对不对？

听众：对！

上面的几种化句号为问号的方式除了单独用外，还可以混合着用，这是根据句子的语气改变的，比如这个例子：

演讲者：各位，知识重不重要？

听众：重要！

演讲者：所以大学生要辍学创业可不可以？

听众：不可以！

演讲者：大学是我们人生最美好、最宝贵的一段时光，我们一定要去好好地享受。也许你大学辍学创业可以赚100万元，但是大学四年的时间是你花多少钱都买不来的，是不是？

听众：是！

在演讲中化句号为问号时一定要注意根据句子的语境来询问，不能与语境相冲突，不然会显得很奇怪，比如这个例子：

演讲者：当我们有足够多的财富时，我们就有能力去帮助更多的人，好不好？

这句话的询问就不和句子的语境相恰合，让听众听着就觉得句子别扭，都不知道该如何接下去回答了。

总的来说，化句号为问号就是演讲中说出一句话后，很自然地询问听众的意见，听众的回答是肯定的或者否定的，一般回答不会超过三个字。化句号为问号可以帮助演讲者与听众互动，在加深与听众的联系时带动现场的气氛，还能借此为后面的演讲进行铺垫。而这种询问的方式也有很多种，除了上面提到的这些例子外，还有“重不重要”“有没有”“快乐不快乐”等。如果一些演讲新手不知道该如何化句号为问号，可以参考一下上面的例子，但是在运用时一定要注意自然无痕迹，让听众听起来不觉得突兀、奇怪。

超能量演说训练

对文中五种问话互动进行 1 分钟演讲稿设计：

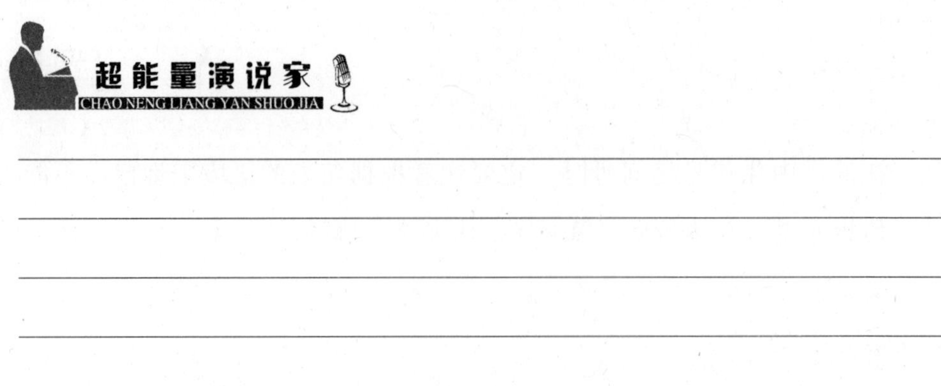

2. 二选一问答引发思考

在演讲中，好的互动可以引发听众的思考，加强演讲的深度，让听众在思考时慢慢进入演讲，最后结果出来后让听众恍然大悟，觉得来听演讲不虚此行。二选一问答就是这种演讲互动方式。这种方式是给听众两个可能，让听众按自己的意愿去进行选择。听众会在犹豫中思考，从而得到内心的答案，进行选择。演讲者可以根据这个选择继续演讲，既和听众互动活跃气氛，又为接下来的演讲做铺垫，二选一问答可谓一举两得。

那么，如何在演讲中进行二选一问答，引发听众思考呢？我们通过下面的例子进行学习。

（1）希望哪一种

演讲者：在座的各位觉得一个人是年轻时成功比较好，还是年老了，到老掉牙了才成功比较好？

听众：年轻！

演讲者：你们觉得是在学校就获得成功比较好，还是走出校园经过多年的打拼才获得成功比较好？

听众：学校！

演讲者：所以我们是希望自己更年轻时，在大学就获得成功，还是等年老到老掉牙了才获得成功，第一种和第二种更希望哪一种？

听众：第一种！

演讲者：希望自己更年轻在大学就获得成功的举手我看一下好不好，大声说一声是！

听众：是！

这个例子是演讲者就“何时能成功才最好的”这个问题向听众提供两个选择，然后听众经过思考，二选一说出自己内心的那个答案。演讲者根据听众的答案再继续发问，最后得出结论，听众觉得豁然开朗。

（2）想要哪一个

“想要哪一个”是指演讲者就“想要自己的未来是怎样的”这个问题向听众提供两个选择，然后听众经过思考，二选一说出自己内心的那个答案。演讲者根据听众的答案再继续发问，引导听众内心，让听众答出那个好的答案，来激发听众的激情，让听众觉得有了人生的奋斗方向。

（3）哪个是正确的

演讲者：努力的结果有两种可能：第一种，努力一定会成功；第二种，努力不一定会成功。各位，你们觉得哪个是正确的？

听众：第一种！

这个例子是演讲者向听众提出两种可能，问哪一个是正确的，然后听众经过思考，二选一说出自己内心的那个答案。这让听众在思考人生、调动气氛的时候，演讲者也可以根据听众的回答接下面的演讲。

总的来说，二选一问答就是为了让听众在好与不好的两个选择里进行思考，听众一般最后都会选择好的，演讲者就可以顺势从选择上引出演讲主题，还不显得生硬，听众也觉得有趣。在演讲中运用二选一问答可以与听众互动带动现场气氛，让听众思考增加他们对演讲的兴趣，为接下来的演讲做铺垫。所以，不管是演讲新手还是演讲老手，在演讲中善用二选一问答都会为演讲增色不少，让演讲变得更有深度。

超能量演说训练

对文中几种二选一问答方式进行 1 分钟演讲稿设计：

3. 重复重点内容加深印象

在演讲中，如果遇到一些演讲者希望听众重点记住，但又怕听众忘掉的内容，就可以通过重复这些重点内容的方式来加深听众的印象。一般可以用“跟着我来读一遍”“大家跟着我一起回顾一下”这样的句子来帮助演讲者重复重点内容，而这样做不仅可以加深听众对这些重点内容的印象，还可以与听众形成互动，一问一答间让演讲现场的气氛活跃起来。

那么，该如何在实际演讲中重复重点加深印象呢？我们可以通过下面的例子来学习。

（1）激发听众回忆要点

举例一：

演讲者：刚刚给大家分享了二选一回答互动的三个互动技巧，现在我们再来回忆一下，第一个是什么？

听众：希望哪一种！

演讲者：第二个是什么？

听众：想要哪一个！

演讲者：第三个是什么？

听众：哪个是正确的！

这个例子就是演讲者希望听众记住“二选一回答互动的三个互动技巧”这个重点内容，怕听众忘记，所以用“现在我们再来回忆一下”这样的句子来询问刚才的互动技巧。听众说出来后，不仅加深了对这个内容的记忆和理解，还与演讲者形成了互动，活跃了演讲现场的气氛。

举例二：

演讲者：接下来给大家分享建立演说家个人品牌的三个关键：第一个，要有一个专业的名字，做一行爱一行，要让别人听到你的名字，就知道你是做什么的；第二个，要选择一个专业领域，然后不断地进行专门研究，专门研究5年，你就成为这个行业的专家，钻研10年，你就成为这个行业的权威；第三个，要不断地宣传，每个人每时每刻都可以看作在进行自我宣传，对于演说家来说，我们的名字就是我们的品牌。我们要不断地宣传告知，让更多的人知道我们。我们再来回忆一下，建立演说家个人品牌的三个关键，第一个，是什么？

听众：要有一个专业的名字！

演讲者：第二个是什么？

听众：要选择一个专业领域！

演讲者：第三个是什么？

听众：要不断地宣传！

这个例子是演讲者在说了一段“建立演说家个人品牌的三个关键”内容后，觉得这个内容是重点，希望听众能记住，所以在说完后就直接趁听众的印象还在的时候用“我们再来回忆一下”这样的句子来询问听众，听众则一一回答。这样不仅加深了听众对这个重点内容的记忆和理解，还与演讲者形成了互动，活跃了演讲现场的气氛。

（2）与听众一起练

演讲者：在这里，我要给大家分享学好演讲的三个秘诀，第一个是：我的脚下就是一个舞台，自信源自充分的准备，每时每刻把我们的脚下当成一个舞台，不断地练习。为了练习演讲，我每天走路的时候练习演讲，坐公交的时候练习演讲，出去旅游的时候，我站在山顶上把山下所有的大树当成我的听众练习演讲。今天我站在台上是一个舞台，我们坐在台下依然是一个舞台，因为讲师讲得好不好，在于观众的掌声响不响。各位，来和我一起把这个秘诀喊出来："我的脚下就是一个舞台！"

听众：我的脚下就是一个舞台！

演讲者：第二个是：只要有说话的机会就开口说话，我们很多朋友，在生活中总是不喜欢开口说话。坐公交的时候，发现旁边有一个美女，很想认识一下，但就是不敢开口说话。参加学习的时候，发现旁边坐了一位帅哥，很想认识一下，但不敢开口说话。各位，要想认识更多的朋友，要想让自己的口才变得更好，从今天开始，只要有说话的机会，就要怎么样？

听众：开口说话！

演讲者：我们再一起来念一遍"只要有说话的机会就开口说话"。

听众：只要有说话的机会就开口说话！

演讲者：第三个是：只要有上台的机会，就立刻冲上舞台。各位，当你决定是否要上台的时候，也许你在心里斗争，我要不要上，上去是否会出丑呢？但是当你走上舞台以后，你会发现，其实这个舞台也不过如此。我们再来一起念一遍这第三个秘诀：只要有上台的机会，就立刻冲上舞台。

听众：只要有上台的机会，就立刻冲上舞台！

演讲者：好，我们一起再来回忆一下学好演讲的是三个秘诀，第一个是什么？

听众：我的脚下就是一个舞台！

演讲者：第二个是什么？

听众；只要有说话的机会就开口说话！

演讲者：第三个是什么？

听众：只要有上台的机会，就立刻冲上舞台！

这个例子是演讲者“学好演讲的三个秘诀”，一个秘诀的内容说完就与听众进行互动，重复着演讲的内容，加深听众对这些内容的印象。在三个秘诀分别说完后，最后再总结性地重复回忆重点内容，与听众互动，活跃气氛的同时又一次加深听众对重点内容的印象。

总的来说，如果演讲者想要让听众记住一些重点内容，怕听众忘记了，就用重复法来帮助听众加深印象，这是一个非常好的方法。演讲者可以在说完重点内容后再重复，也可以边说重点内容边进行重复来加深印象。作为演讲者，在演讲中灵活运用这个方法，会有非常好的效果，它不仅可以加深听众对一些重点内容的记忆，也可以让演讲者与听众形成互动，活跃气氛。

超能量演说训练

对二选一问答方式进行 1 分钟演讲稿设计：

4. 游戏互动技巧与训练

在演讲中，通过做一些小游戏，可以让演讲者与听众之间进行互动，也可以让听众与听众之间进行互动。游戏互动除了语言上的互动，还有肢体上的互动。通过游戏互动，不仅可以让演讲者与听众、听众与听众之间的隔阂消除，演讲现场气氛变得活泼、轻松；也可以通过做游戏来更加直接、直观地向听众展现演讲者的观点，让听众能更好地明白这些观点的作用。

那么，如何在演讲中进行游戏互动呢？超能量演说有一套游戏互动技巧。

（1）A、B 互动游戏

这个游戏是演讲者与听众进行互动，点两个听众 A 和 B，让这两个听众一起做一个互动小游戏，来起到活跃现场气氛，表现演讲观点，消除听众间隔阂的作用。例如，在一场主题为判断力和反应力的演讲中，选择 A、B 两位听众，进行“反向指”的互动游戏，游戏规则：

两位听众站起来，面向舞台。演讲者随便说一个方向，A、B 两位听众要立刻用手指指向与演讲者所说相反的方向。持续 10 次，反应快的且选择的方向正确的次数高的人胜利，并赢得全场掌声。

这个游戏考验的是人的判断力和反应力。通过这个互动游戏，不仅在欢乐之余消除了演讲者与听众、听众与听众之间的隔阂，活跃了演讲现场的气氛，也通过 A、B 两位听众的表现向所有听众展现了演讲的主题判断力与反应力。

（2）上台互动游戏

这是在演讲者的组织下，一些听众上台在所有听众的目光下进行游戏。上台互动的空间更大，通过小游戏能更好地让演讲者与听众进行互动，不光可以是语言上的互动，还能进行肢体上的互动。另外，也能更好地活跃演讲现场气氛，展现演讲的主题。比如在一场演讲主题为团队信任的演讲中，进行上台互动游戏，游戏规则如下：

演讲者选 10 名以上的听众，让一名听众站在桌子上，背对着其他听众，而剩下的听众则站成两排，面对面手和肩互相搭住，围城一圈站在那名站在桌子上的听众后面。接着，演讲者发令：XXX，你准备好了没有，准备好了的话，就朝后面倒下吧！然后看看站在桌上的听众是否有胆量向后倒下，由下面的听众接住。这个游戏可以让上台的每一名听众都做一次。

这个游戏考验的是人与人之间、团队之间的信任和默契程度。如果站在桌子上的听众不相信站在下面的听众能接住他，那他就不敢倒下去，如果站在桌子上的听众身为团队里的一员相信站在桌子下的他的队友的话，那他就敢倒下去，因为他相信他的队友一定能接住他。通过这个互动游戏，不仅可以活跃现场气氛，也可以向所有听众展现团队信任的重要性。

（3）活跃现场氛围

在一些现场气氛比较沉闷的演讲中，为了活跃现场氛围，演讲者可以组织一些听众，进行活跃氛围的游戏，这样演讲者与听众之间可以进行互动，来打破演讲现场的沉闷氛围。比如进行“对自己名字发挥想象力”的游戏，游戏规则如下：

演讲者先将自己的姓名以一首打油诗的形式写在黑板上，然后大声读出来。再找 5 ～ 10 位听众，每人发一张纸，让他们按照这个方式将自己的名字以一首打油诗的形式写下来，10 分钟后收卷。演讲者宣读每一位听众的作品。

通过这个游戏，在读打油诗的时候肯定会笑料百出，这样就能起到一个很好的娱乐效果。在演讲者与听众交流互动中，演讲现场本来比较沉闷的氛围就会因为听众的笑声而变得活跃起来，那这个活跃现场氛围的游戏就成功了。

总的来说，演讲中的游戏互动也是每一场演讲必不可少的一种互动形式。因为肢体往往比语言更有说服力，更容易引起听众的关注。所以在演讲中做游戏能更好地活跃现场氛围，同时也能通过做游戏更好地向听众论证演讲的主题。上面的几种互动游戏是可以在所有的演讲中通用的，能让演讲变得更精彩。

超能量演说训练

根据上面的三种互动游戏形式进行游戏设计：

第 10 章
演讲语言技巧：如何用语言让演讲更精彩

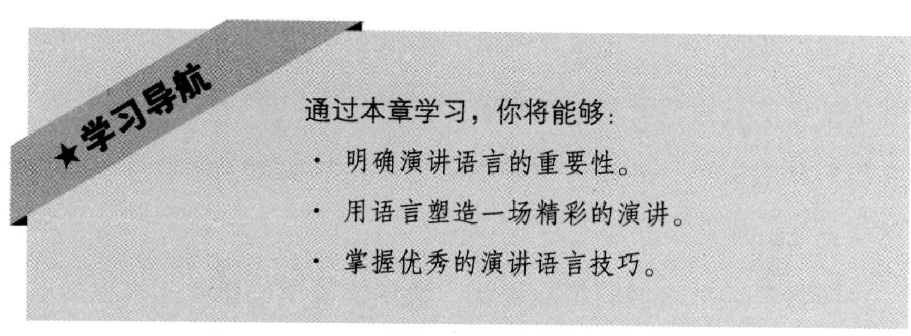

1. 善用修辞，让演讲更富感染力

鲁迅在《书信集·致李桦》中写道："正如作文的人，因为不能修辞，于是也就不能达意。"演讲不同于作文，对于演讲而言，不能修辞，并非一定不能达意；但如果能善用修辞，不仅可以达意，还可以让演讲更富感染力。

修辞手法一共分为六十三大类、七十八小类。例如：借代、双关、反复、对偶、设问、反问等。虽然修辞手法众多，但是很多修辞手法并不常见，而且也不适用于演讲。因此在修辞手法的选择上，大家可能会有些无所适从。本节接下来就将介绍三种演讲中常用的修辞手法：对偶、排比和夸张。

（1）对偶

对偶俗称对子，即用两个结构相同、字数相等、意义对称的词组或者句子来表达相似或者相反的情感。在演讲稿中，我们会经常用到对偶，因为对偶的句子便于记忆和传诵，看起来一目了然，读起来朗朗上口，听起来铿锵悦耳。

我们每个人的人生道路都是不平坦的，我们每个人的人生道路都布满了荆棘！当我们遇到这些阻挡的时候，我们要怎么样！（坚持到底）在我们的人生中，只有一条路不能选择，那就是放弃的路，只有一条路不能拒绝，那就是成功之路。

演讲者运用对偶的修辞手法，使得整篇演讲稿看起来更加凝练，而且富有美感，抒情酣畅，给听众带来了很高的艺术享受和心灵慰藉。

（2）排比

排比也是一种被普遍运用到演讲中的修辞手法，它利用意义相关或相近、结构相同或相似的词组或句子并排，加强语气，给人一种雷霆万钧的气势，增强感染力，调动气氛，让听众们充满能量。接二连三的排比句，使得整篇演讲稿气势恢宏，给人一种酣畅淋漓的快感和雄壮激昂的力量，增强了演讲的效果。

一般情况下，排比的修辞手法，常用于各类鼓动性演讲，经常出现在结尾处。在演讲的结尾处，演讲者可以通过排比句不断加强语气力度和现场气氛，从而带动听众，达到整个演讲的高潮。

（3）夸张

夸张的修辞手法在演讲中也运用得比较多，它通过运用夸大的词语来形容事物，增强了语言的生动性，加大了演讲者的语气，同时也启发了听众的想象力。

同学说，听了他的演讲，鼓掌把手都拍肿了。有这么神奇吗？我不太相信，今天特意坐了三个小时的车来听他的演讲！真是太震撼了。

“鼓掌把手都拍肿了”这样夸张得“言过其实”的修辞，没有给听众们带来任何不适；相反，它活跃了气氛，引发了听众的联想和共鸣，使得演讲妙趣横生。

不过需要注意的是，运用夸张修辞的时候要有分寸，不能太夸张。

例如，员工对老板说：报告老板，我们公司几乎要倒闭了。老板一听，心脏病发作，公司就真的要倒闭了。

对于一些偏向于生活类的演讲，在演讲过程中需要调动听众气氛的时候，使用夸张的修辞手法是再好不过了；而对于深沉型演讲以及严谨型演讲，夸张的修辞手法则使用得较少。

综上所述，在具体的演讲环境中运用不同的修辞手法，能够使演讲锦上添花：对偶的文字凝练，具有美感；排比的句子激昂，鼓舞人心；夸张的语言生动形象，活跃气氛。

我们想要做到根据具体的演讲环境，灵活准确地运用各类修辞手法，则需要我们在日常的阅读和生活中不断积累，加强自身对各类修辞手法的理解和辨认，明确掌握各类修辞手法的要求和规格。这样，我们才能更好地运用和掌握演讲的修辞技巧，从而让我们的演讲更富感染力。

超能量演说训练

（1）为了更好地学习修辞技巧，我们需要进行以下练习：

√ 每天阅读一篇诗歌，阅读一些有气势和艺术性的语言，培养语感。

√ 每天记录一些语言技巧，对照语言技巧进行朗读练习。

√ 每周进行一次系统的训练，采用实时录像记录。

√ 根据录像记录来拿捏尺度，把握分寸，找出自己的不足点。

（2）训练笔记：

2. 运用术语和俗语，让演讲接地气

演讲中，在说明一个观点的时候，演讲者往往说一大段话都不一定能够很好地解释这个观点，还有可能因为表述冗长，让听众听不懂还会对演讲产生厌烦情绪，这就得不偿失了。所以在这个时候，我们就可以运用术语或者俗语来解释、引出我们要说的观点。术语和俗语包括成语、惯用语、谚语、格言、歇后语等。通过这种接地气的方法，听众就可以很好地理解演讲者想要说什么，还能够引起听众的兴趣，让演讲更好地进行下去。

那么如何在演讲中运用术语和俗语，让演讲更接地气呢？我们通过下面的例子来学习。

举例一：

各位，我们有了远大的梦想、宏伟的目标和详细的计划，但是为什么还是有很多人没有成功呢？我们缺了什么？缺了行动。拥有梦想只是一种智力，实现梦想才是一种能力。有梦想，有目标，有计划，但是不行动的人，永远只是一个空想家。所以我们还需要什么？需要立即行动。人因梦想而伟大，因行动而成功。再长的路，一步一步也能走完；再短的路，不迈开双腿也无法到达。现实是此岸，理想是彼岸，中间隔着湍急的河流，行动则是架在河上的桥。

在这一段演讲中，演讲者要论述的是行动在实现成功中的重要作用，但如果直接就说“想要成功必须行动”“行动在成功中很重要”，这样的话就会显得演讲很苍白、空洞、不接地气。像案例中演讲者就用了大

量的术语和俗语。比如“人因梦想而伟大，因行动而成功”“再长的路，一步一步也能走完；再短的路，不迈开双腿也无法到达”“拥有梦想只是一种智力，实现梦想才是一种能力”等。用这些话就可以很形象地表现出行动的重要性，让听众一听就可以领悟到行动的作用，让演讲也变得更接地气、更精彩。

举例二：

各位，在我们学习创业的过程中，一定要做一件事情，就是加强体育锻炼。“身体是革命的本钱。”大家应该听过这句话。人的生命只有一次，善待生命既是一种责任，也是一种智慧。无论我们的理想多么远大，无论我们的家人多么需要我们，但是，当我们生病倒下的时候就什么也没有了，我们的梦想不可能实现，我们的家人得不到我们的帮助，还要被我们拖累。所以我们必须要有一个强健的体魄。

这段演讲是在论述加强体育锻炼的重要性。演讲者在论述身体健康在工作中的重要性这个小点时并没有长篇地叙述其重要性，而是用了一个听众耳熟能详的俗语“身体是革命的本钱”来体现加强体育锻炼对学以创业的重要性，听众一下就能理解演讲者要表达的意思。之后还用了“人的生命只有一次，善待生命既是一种责任，也是一种智慧”这样的俗语来体现健康的重要性，这句话很接地气，让听众一下就明白了健康的重要性，同时也用这句话引出了后面的解释。

总的来说，要想让演讲更精彩，更接地气，术语和俗语是少不了的。这些演讲技巧让演讲者将一个本来需要很长一段话都不一定能解释清楚的观点，用听众耳熟能详或者能够轻松领会其意思的语言给说出来，听众好理解，还显得演讲精彩，可谓一举两得。所以说，不管是演讲新手还是演讲老手，在演讲语言方面都要注意术语和俗语的适当运用。

超能量演说训练

1 分钟有术语和俗语的演讲稿设计：

3. 恰当地制造幽默，让演讲更有趣

在演讲中，如果听众觉得这场演讲呆板、无趣，那演讲者的演讲就是失败的。而在很多成功的演讲中，听众不仅能学到很多的知识，还能收获很多的快乐，这样的演讲就是有趣的。所以让演讲变得有趣一直是演讲者追求的境界，如何才能让演讲变得有趣呢？这就需要演讲者能够恰当地制造幽默，用风趣的话语来引起听众的阵阵笑声，让演讲变得有趣又精彩。那么如何在演讲中恰当地制造幽默，让演讲更有趣呢？

超能量演说有一套制造幽默的方法：

（1）从演讲现场寻找幽默元素

举例一：

在演讲者喝水的时候，幽默地说道："听说讲师喝水的时候，就是鼓掌的时候！"

这句话是用听众的鼓掌来制造幽默，在让听众觉得有趣的同时还能自发地鼓掌，帮助演讲者度过喝水这一段不能演讲的时间。当水喝完后，掌声也停了，演讲者就可以接着再进行演讲，之间无缝衔接，可谓一举多得。

举例二：

演讲者想要掌声，幽默地说道："讲师讲得好不好，在于听众的掌声响不响！"

这句话是演讲者用听众的掌声来制造幽默，这让听众觉得有趣，在笑的时候就会不由自主地鼓掌。这样的话就不会显得要掌声手段太生硬，

让听众有反感的情绪，还能用来活跃现场的气氛。

举例三：

演讲者在南昌大学演讲，上场时不小心被台阶拌了一跤。演讲者起身幽默地说道："各位朋友，大家好！我走过了中国20多个城市，演讲200多场，经历过了各种演讲场合！今天来到南昌大学，发现只有我们南昌大学的舞台原来不是随便都可以上的。还好，我功底比较深厚，还是上来了！"

这段话是演讲者用自嘲的方式制造幽默，不仅让听众笑了出来，觉得有趣，活跃了现场的气氛，还将刚才上台摔跤这样尴尬的情况用幽默的语言轻描淡写地一笔代过。演讲者可以顺利地接着进行演讲，听众也会佩服演讲者的幽默和临危不乱。

（2）从生活中寻找幽默来源

在主题为创业的演讲中，演讲者幽默地说道："这个世界上没有天生的傻瓜，如果非说有的话，我应该算是一个。一次和女朋友去公园，看到有一个智商测试机，只需要投进去1元硬币就可以测试出智商。我们俩都测试了一下自己的智商。女朋友把硬币投进去，把手伸进去，机器很快就运转起来，屏幕上也很快出现了一行字——你好，你的智商是380。我一看，哇！她的智商这么高。但是也没有关系，我的智商肯定会比她高。于是我也投了1元硬币，然后把手伸进去，可是那台机器运行了好长时间才有反应，屏幕上终于显示出来一行字——对不起，检测错误，请不要拿鸡爪来开玩笑。天啊，我的手是鸡爪，那么意思就是说我的脑袋就是鸡脑袋了，智商和鸡差不多。所以各位，像我这样和鸡一样智商的人都能创业成功，你们也一定能创业成功。"

这段演讲是演讲者将发生在自己身上的事用幽默的语言说出来，在激励听众创业时制造了幽默。不仅让听众听了开怀大笑，觉得演讲有趣，还通过演讲者自身的故事给了听众创业成功的动力，可谓一举两得。

（3）矛盾法

演讲者幽默地说道：“各位，今天很高兴有这么多朋友来听我的演讲，先做个小小调查，看看谁没有来，没有来的人请举手。”

这段话演讲者的语言前后矛盾，先是高兴很多人来听演讲，又让没有来听演讲的人举手，通过前后矛盾的碰撞来制造幽默。这在一开始会让听众疑惑，人都没来演讲现场，怎么举手。但在反应过来后，听众就会笑出来，懂得演讲者的幽默，使得这场演讲在一开始的氛围就很好，演讲也显得很有趣。

总的来说，一场演讲有没有趣的评判就看演讲者能不能恰当地在演讲中制造幽默。幽默制造得好，不仅可以让听众笑出来，活跃现场气氛，也可以让演讲更有趣。所以，掌握上面的三种制造幽默的方法，在演讲中恰当地制造幽默，这样你的演讲就会更精彩。但是在制造幽默的时候要注意不能反复地说同一句话，不能说完笑话，听众没笑，你却先笑起来了，还要切忌任何时候都不要通过贬低他人来抬高自己。只要避免这些错误，你就可以放心地制造幽默了。

超能量演说训练

利用文中三种制造幽默的方法进行 1 分钟幽默演讲稿设计：

____

____

____

____

4. 引经据典，让演讲更有说服力

在演讲中，演讲者如果想要让自己的演讲更有说服力，想要让听众一听就觉得演讲者说的是对的，该怎么办呢？这时我们就需要在演讲中引经据典，通过引用成功的前辈、先贤们积累的智慧哲理来印证自己的观点。听众们一听先贤的话，觉得就连先贤都支持这种观点，那演讲者的观点也可以相信。这样，演讲的说服力就会大幅提升。

那么，如何在演讲中引经据典，让演讲更有说服力呢？我们通过下面的例子来学习。

举例一：

万达集团董事长王健林在万达年会演讲中曾说道："我是万达集团创始人，万达是我与大家一起拼搏奋斗出来的。我可能会成为一个强权人物，虽然现在比较民主，但如果哪一天听不进不同意见，拍板决策失误，企业将会遭受不可弥补的损失。太平洋集团是台湾最大的建设企业，因为决策失误，300亿元投入光纤网络，赶上网络泡沫破灭，企业宣布破产。荀子有句话，叫'不长虑顾后而恐无以继之'。建立现代企业制度目前对万达来说，比创收利润还要重要，这是解决'百年企业'的问题，是万达的长算远略，使万达长治久安。"

在这段演讲中，王健林说了万达需要建立起现代企业制度，只有这样万达才能长久地存在下去。为了增加这番话的厚度和力度，王健林引用了先贤荀子的话"不长虑顾后而恐无以继之"。这句话出现在《荀子·荣辱》里，意思是如果你不长久地考虑以后的事，那你恐怕不能长久地走下去。王健林在说太平洋集团倒闭的事件，引起了员工们的警觉性后，顺势引出了荀子的这句话。通过先贤的话来为自己的观点佐证，极大地增加了语言的说服力，让语言更有启发性，从而让员工们深刻地认识到长久考虑是建立起现代化企业制度的重要性。

举例二：

一位演讲培训老师在培训学员时，做动员演讲时说道："同学们，人类第一个登上月球的宇航员阿姆斯特朗曾说过：'这是一个人的一小步，却是整个人类的一大步。'那么，对于今天我们要提高演讲能力的人来说就是：'上台一小步，人生一大步。'不开口不知道自己舌头短，不上台不知道自己腿短。要想提高演讲能力，上台开口练习是不二法门。"

这段演讲中，老师是希望激发学员们上台演讲的热情。他首先就用了阿姆斯特朗那句经典的话"这是一个人的一小步，却是整个人类的一大步"，通过这句学员们耳熟能详的话来引出后面自己的观点，上台演讲是提高演讲能力的不二法门。这极大地增强了老师语言的说服力，学员们一下就进入了状态，上台演讲的欲望大大增强。

总的来说，在演讲中引经据典可以更好地来论证自己的观点。在演讲的中间或者开头，演讲者都可以通过先贤或前辈的话，来告诉听众自己的观点前人曾经证明了是正确的。听众一听，就会觉得既然前辈都证明了这种观点的正确性，那可信度一定很高，这样就能极大地增强演讲的说服力。而通过这种说服力，演讲者也可以更好地根据引用的经典来进行接下来的演讲。所以，不管是演讲新手还是演讲老手，都要在合适的时候引经据典，这样不仅能够增加演讲的说服力，还能让演讲显得更有内涵和深度。

超能量演说训练

1 分钟引经据典演讲稿设计：

第11章
演讲危机处理技巧：如何应对突发事件

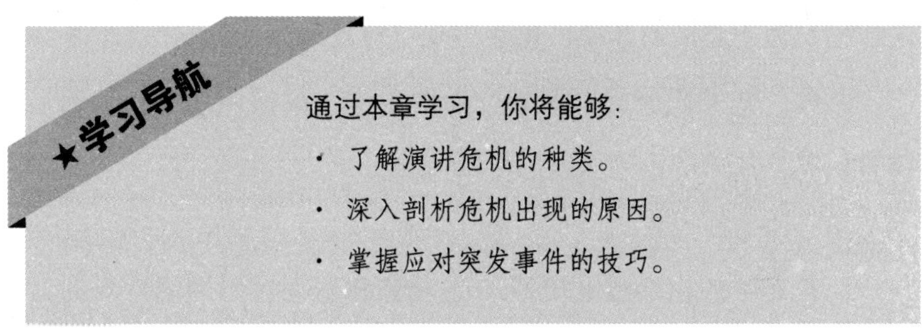
★学习导航

通过本章学习，你将能够：

- 了解演讲危机的种类。
- 深入剖析危机出现的原因。
- 掌握应对突发事件的技巧。

1. “冷场”应对技巧

在演讲过程中，当你在台上滔滔不绝，而台下的听众在发呆、聊天、织毛衣、看手机……稍微有礼貌点的听众会看着你但他的思想可能会想着“明天我的报告怎么办”“孩子在家作业有没有写完”……这些现象都会导致“冷场”。一般来说，造成“冷场”的原因有两种：

（1）内容宽泛

在确定演讲主题时不适合太宽泛的内容，有的演讲者想上天入地，将所有他知道的都倾吐出来。比如说“圆明园的景色”这一主题，景色涉及花、天空、树木、建筑，抽象点的还有历史人物。如果想在只有几分钟的演讲中说得面面俱到，是不太合适的，内容宽泛，关注点分散会使观众产生疲劳。所以可以从中选取一个角度，如从“圆明园的建筑”

这个角度去讲历史，从而进行主题升华，会更加合适。

（2）状态不佳

好的精神状态的呈现不仅给自己的演讲添砖加瓦，同样也是给自己和观众传递正向的能量。如果在演讲过程中，自我状态萎靡不振，讲出来的话有气无力，那么听众向你传达的信息也是“身在曹营心在汉”，这样也不利于演讲的开展，也会出现“冷场现象”。

那么，如果在演讲中遇到冷场的情况，我们该如何处理呢？我们可以尝试以下几点：

第一，精简语言。

冗长乏味的内容会让听众产生疲惫和倦意，当遭遇冷场时，我们就要考虑一下“我之前讲的内容是否过于烦琐”这个问题。这个时候，我们需要精简自己的语言。

在一篇学生稿件《我独身，我独立》中这样写道：“在我记得上学前班时，爸爸妈妈就耐心地教我吃饭怎么拿筷子、怎样吃不会掉饭粒；他们还教我怎么穿衣服、怎样不会将衣服穿反；同样还教我怎样刷牙，怎样刷更加健康、更加干净不费时间。”

应更改为：“在我上学前班时，爸爸妈妈就耐心地教我如何吃饭、穿衣服、刷牙。”

我们可以分析一下，在文中“爸爸妈妈教我如何吃饭、穿衣服、刷牙”已将方法包含其中，后面加上“怎样做不会……”略显累赘。更改以后，内容更加简洁明了。

第二，调整表情。

一个人的面部可以反映出他此时此刻的心理状态，你的紧张、高兴、忧郁、愤怒会直接通过你的嘴巴、眼角、眉毛、脸颊体现出来。

同样在演讲过程中，遇到像“冷场”这样的情况，演讲者当然不能给观众传达一种“我很紧张，我害怕，我想逃避”的感觉，而要做的就是让自己放松、让观众放松。

比如，演讲者可以尝试着微笑，嘴角上扬，这样可以使冷场渐渐地“暖”起来。这个时候，演讲者可以将微笑传达给某一位观众，可以是离演讲者最近的一位观众。因为笑是一种能量，是可以传播的，演讲者将微笑传递给了他，那么他也会将笑容传递给身边人。

第三，转移话题。

何为转移话题？转移话题就是在演讲者遭遇“冷场”或者明显感觉听众对原话题不感兴趣的时候，适当地做一个话题调整，将观众的注意力暂时转移到新的话题上，以求演讲顺利进行。

演讲者可以在演讲过程中说一些趣闻逸事。趣闻逸事是老百姓生活中作为闲谈的重要内容，它不但可以当作娱乐或消遣的方式，也是生活中的重要乐趣。所以在“冷场”过程中穿插一些有趣的故事，可以提高观众的兴趣点，将现场的氛围马上活跃起来，这样观众的注意力很快就会集中到演讲上去。

比如说：“哎呦，我都看到最后一排那位大哥眯眼睛了，是不是太累了？这样，我给大家讲一个故事解解乏。”

当然，一旦故事说完，就需要立刻找准时机，切换到演讲的内容上去，完成自己的演讲。

第四，幽默化解。

幽默是一种语言风格，我们身边有很多人天生就带有幽默感，他们对于任何事物都有相对正向积极的看法，这也是一种积极的人生态度。在日常生活中，人们往往喜欢和幽默的人相处，因为能够给大家带来快乐。同时，幽默的语言在公众场合也是化解尴尬的利器，在“冷场”中同样适用。

美国芝加哥大学的布郎教授，在一次发表演讲时他的夫人雪莉，不小心连人带椅子摔倒了，布朗看到妻子并没有受伤，一边搀扶一边说：“哦，亲爱的，我记得和你说过，在我没有获得掌声的时候，你才可以这样表演。”顿时，台下立刻掌声不断。

这位教授的做法，不仅有效地化解了因为妻子的摔倒而导致的尴尬场面，而且还获得了掌声，用幽默的语言赢得了全场的喝彩。

当然，一个人的语言风格并非一朝一夕就可以改变，增强自己的幽默能力也是潜移默化的，我们需要通过每天制造幽默的环境来变化。长此以往，不仅你的语言表达能力会提高，甚至你对待人生的态度也会变得更加乐观和积极。

通过以上分析，我们得知制造“冷场”现象的是演讲者自己，解铃还须系铃人，由内而外的调整，先内部后外部、先自己后观众，只有做到冷静分析、平和调整、巧妙对待，才能巧妙自如地应对“冷场”。

超能量演说训练

（1）为了能够具有幽默感，我们可以进行以下训练：

√ 每天看一期幽默风格的节目（如小品、相声）。

√ 收集幽默的词汇并记录。

√ 尝试用幽默语言和身边人对话。

√ 寻找身边幽默的人，和他们进行交流。

√ 遇到糟糕的事情用幽默的语言向他人叙述。

（2）训练笔记：

2. “忘词了”应对技巧

“忘词”是日常生活中一件司空见惯的事情，尤其在演讲中，忘词的概率会增大。即便是经验丰富的大演说家，也难免会在台上出现“忘词”的情况。原因有很多种，比如上台紧张、稿件内容不熟悉、案例虚构，等等。一旦出现诸多“忘词”状况，就会给演讲者带来极大的心理压力，处理不好极有可能导致演讲失败。为此，超能量演说总结出了以下四个应对“忘词”的技巧。

（1）重复语句，放慢语速

演讲过程中，什么情况下我们要放慢语速呢？在你快要讲到下一段可是想不起来接下来的内容时可提前放慢语速。同时我们可以重复已经讲过的内容，将忘记的部分覆盖从而衔接到后文。

今天给大家分享学好演讲的五个关键：第一……第二……第三……（第四个忘记了）刚刚讲了三个关键。第一……第二……第三……那么第四个是……

有句话说得很贴切，“嘴巴比脑子快”会出现更多的错误，这个时候我们要做的是“脑子比嘴巴快”，语速放慢，而大脑知道下一步我们要说什么，该说什么。这样的话我们就可以达到事半功倍的效果。

（2）改变句式，快速搜索

在整段演讲中，疑问句的方式是运用比较多的方法。它的功能不仅可以引起观众的思考，而且可以为演讲者争取更多的时间去想被自己遗忘的稿件内容，同时与观众也有一个很好的互动效果。这样也会使演讲更加丰富起来。

今天给大家分享学好演讲的五个关键：第一……第二……第三……（第四个忘记了）刚刚讲了三个关键。第一……第二……第三……各位觉得要学好演讲，第四个应该是什么呢？

运用这样的形式有两点好处：第一，缓解紧张情绪；第二，给自己充足时间思考下文。

（3）忽略不讲，直奔结尾

演讲者可以尝试跳过已经遗忘的部分，直接进行后面内容的阐述。同时要注意的是，我们在阐述的时候要注意内容与内容之间的衔接，尽量别让观众听起来很突兀。所以就要求演讲者在平常准备稿件的过程中，可以尝试着多想一步“如果这一段我想不起来了，我该用什么词或者相近的意思衔接我后面的内容呢”。

今天给大家分享学好演讲的五个关键：第一……第二……第三……（第四个忘记了，直接讲第五个），那么第五……

如果对演讲内容不是很熟悉，演讲的时候最好用几点理论。

今天给大家分享学好演讲最重要的几个(而不是五个)关键，第一……第二……第三……（第四个忘记了），我觉得这三个关键是学好演讲最重要的，各位同意吧（本来要讲第四、第五个关键因为后面忘了，就变成三个了）。

此时此刻，你不用担心自己的“聪明”是否会被发现？因为在演讲过程中，观众听的是演讲者的气势，不会纠结你是否用对了语法；观众看的是你阐述观点时斩钉截铁的面容，也不会在意你的故事是否真实。同时，根据心理学上的首映效应来说，人们往往记住的是一篇文章的开头和结尾，以及文章中最精华的部分。至于你中间说了什么、遗落了什么，只要不暂停继续说，你的演讲还不算失败。

（4）临时造句，开辟新路

演讲的初衷是将自己的观点通过语言的整理与描述积极正面向听众做一个传达，所以我们不能仅仅依赖稿件，而是可以通过任何一个词句都可以衔接住自己的观点。

正如游戏词语接龙一样，如美丽—丽江—江河—河水—水母—母亲—亲人—人美—美丽，当我们演讲“忘词”时也可以这样做，将上一段的最后一句话，作为下文的开头，这样引申出来的话题犹如滔滔江水绵延不绝。

在一篇题为《我的中学生活》的作文中有这样一段：“转眼间，就要面临中考，不由得紧张起来。很后悔当初把最好的时光都荒废掉，渐渐地下定决心要努力学习，给我的爸妈，给最爱我的人一个好的回报。当然也给我自己一个美好的未来。我不想辜负了最爱我的人，我也知道他们做的这一切都是为了我，想要我有一个美好的未来。”

作为下文第一句我们可以这样说“我不能辜负最爱我的人，我也知道他们做的这一切都是为了我，想要我有一个美好的未来，所以，在中学的每个日夜中，我每天刻苦地学习……”

这样一来，当你的话匣子打开的同时，你会发现文思泉涌，有好多话题值得传达。当然在这里就要注意语言的润色和方式的表达。

总的来说，“忘词”现象在演讲中非常普遍，而演讲者需要做的就是在日常的生活中提高临场应变的能力，同时要不断寻找正确的方式避免忘词现象的发生。长此以往，通过不断地练习，演讲者就能够在演讲过程中很好地处理“忘词”现象。

超能量演说训练

（1）为了避免忘词，需要进行以下训练：

√ 演讲前，先确立主题要点，进行试讲。

√ 一个主题，尝试着从不同角度讲，脱离稿件。

√ 收集不同题材但立意相同的材料，每天进行记录。

√ 一周至少一次个人演讲（脱稿）。

√ 用录音机记录所讲的内容，事后整理。

（2）训练笔记：

3. “讲错了”应对技巧

俗语有云：“人非圣贤，孰能无过。”在演讲中，由于演讲者紧张、过于在乎听众反应、对稿件不熟悉等原因都有可能导致演讲讲错。

西班牙现任首相马里亚诺·拉霍伊，在议会的特别质询会议上，就受贿事件道歉演说中，曾九次将稿件括号中“本段结束”随着稿件念了出来。后来有人解释说：这篇认错稿是别人帮写的，拉霍伊没来得及看，照着稿件读才出现了这样的笑话。

这就是演讲出错时，没有补救措施而出现的尴尬情景。

那么，面对“出错”现象我们该如何解决呢？

超能量演说根据不同的类别总结出以下几点：

（1）言语失误

言语失误，俗称口误。不以意志为转移的言语出错。一般分为发音、语义、语法类型的错误，生活中“口误”的事情屡见不鲜：

“帅哥，哦，不好意思，是美女，把东西递给我一下！”

“小张，送我一程呗，是小陈，不好意思，口误！”

这是“口误”造成的一种现象；同样在演讲中，为了避免造成难堪，超能量演说总结出以下几种方法：

第一种，转换思维。

生活中遇到比较棘手的事情，换个角度思考就会不同——这是转换思维。

演讲中也是如此，当出现口误，我们急需挽救时，可以联系所有事物结合事物的共性和特点，将“口误”变成理所当然。

一位主持人在参加京剧演出时，在不了解来宾身份的情况下，错把南新燕先生介绍成了“南新燕女士”，面对这种意外，她先向被介绍人真诚地道歉，然后侃侃而谈：“您的名字实在是太有诗意了。我一看见这三个字，立即想起了两句古诗：‘旧时王谢堂前燕，飞入寻常百姓家。’这是一幅多么美的图画。今天，这里出现了类似的情景，京剧一度是流行在北方的戏曲，而现在，京剧从北到南，跨过琼州海峡，飞到了海南，而且在这里安家落户，这又是一幅多么美好的图画呀！”

这位主持人的反应还是比较灵敏的，她致歉后，就对自己的“口误”做了一番解释，由人名联系到古诗，再联系到此情此景，接而说到举办主题，真是妙语连珠！

第二种，变换语气。

中华文化博大精深，一个语气可能表达质疑、肯定、赞同、否定。当我们在演讲时出现口误时，我们可以变换自己的语气，再加以补充正确的观点或者语句，这将会产生意想不到的效果。

在日常生活中，我们可以自己寻找类似变换语气的句子进行训练。不管在生活中还是演讲中掌握了这样的技巧，也可以让语言更加有活力！

第三种，补充说明。

在演讲中，演讲者会因为现场环境的变化产生紧张情绪，导致“出错”。这个时候，我们可以尝试在“出错”的时候，进行“错误”的补充说明，借此来化解演讲危机。

在一次婚礼上，一位嘉宾高兴地为新人致辞。他说：“今天，是职业中学的夏明先生和经贸公司的叶红小姐喜结良缘的好日子……也许有人以为我说错了，夏先生和叶小姐不是同在一个公司上班吗？是的，夏明从商了，但一个月前，他还是职中的一名优秀青年教师。在我们的心目中，他永远是我们的好同事。我愿借此机会，代表职中全体教职工，向一对新人表示最真挚的祝福！”

从言语中我们能得知，这位来宾把新郎的单位介绍错了，但是他很快察觉到了他的“口误”。于是停顿下，做了一下补充说明。听了这样具体的介绍，谁还想得起来他之前说错了什么呢？

最终不仅仅可以完美地掩盖住“口误”痕迹，也让演讲起到了别具一格的效果。

（2）观点立场失误

演讲的立场也是一个人三观的体现，好的立场会引起全场的喝彩；错误的、与实际背道而驰的立场会引来现场观众的争议。如果出现了立场观点出错，那么也需分情况做好以下几点：

第一点，观众纠错，虚心接受。

当然在演讲台上如果有观众指出演讲者的某些论点，可能存在看法偏薄、说法牵强的情况。这个时候演讲者要做到：摆正姿态，调整心态；耐心倾听，切勿中断；虚心接受，当场改正。

英国的一家私人教育机构中正开展着以“人生目标”为主题的演讲，一位来自美国俄亥俄州的中年女性演讲者说：“人应该有目标，当一个人没有目标的时候，他会惶惶不可终日，失去斗志，好比翱翔的老鹰失去了翅膀不能飞翔；好比美丽的姑娘失去了光明，生活从此变得暗淡。还有像爱迪生，发明电灯以后，没有多久就去世了；牛顿发现万有引力以后，没有多久也就去世了。为什么，因为没有目标了。”话音刚落在场的学员唏嘘不已，有的摇头，有的站立起来反对……

从演讲中不难看出，稿件中的举例是不恰当的。虽然牛顿和爱迪生都是在发明物诞生不久后辞世，但是不能说是因为没有目标了。科学家的一生都是为了研究为人类造福的科研成果，他们最大的成功，是人类能够长期享有他们的科研成果。他们是伟大的！我们不能拿科学家开玩笑。

在演讲中出现这种情况，如果见势头不对，我们可以见状说道："当然这仅仅是代表我之前的想法，现在我认为……"或者说："我看到几位先生好像并不是很认同我的说法，您能说说您的看法吗？我乐意接受并改正。"

也就是说，一旦演讲者的言论已经引起不满，或者过于偏激有观众指正，我们就需要虚心接受并当场改正，力求保证现场氛围。

第二点，自我发现，现场说明。

在演讲现场，虽然没有观众对演讲者的言辞指指点点，但是自己已经明显感觉到某些内容是不正确的，这个时候演讲者需要和现场观众进行互动，同时听听他们的想法。

"朋友们，我刚才说的随着人口老龄化加剧，应该实行'老人赡养共享制'你们同意吗？"

"这仅仅是代表我个人的看法，当然也有不完善的地方，毕竟人无完人嘛！那你们是怎么看的，我们可以做个现场交流让我们的想法更全面。"

一个成功的演说，是一位能言善辩的演讲者和一批认同你的听众。如果演讲者的言论脱离听众，即使辞藻再华丽，演讲也是失败的。所以当这种"出错"情况发生时，演讲者要尽快地听到听众的意见。在结束演讲时，也需要整合听众的观点结束演讲。

在这一节的学习中，我们提到了根据"出错"的不同情况进行应对。总而言之，演讲者在演讲台上应放平心态，保持头脑冷静，具体情况具体分析再加以解决。这样一来，演讲者得到的不仅是临场应变能力的提升，同时也会收获忠实的观众！

超能量演说训练

（1）为了能够很好地应对“出错”，需要进行以下练习：

√ 调整心态，每天对着镜子说三遍“我可以”给予自己自信。

√ 模拟练习，寻找一个大厅，确定主题，独立演讲，在讲错的地方停顿，并运用相应的技巧加以解决。

√ 每天练习绕口令，从最慢的速度说到最快的速度，避免“口误”出现。有意识地训练自己的反应能力，比如进行脑筋急转弯、猜字谜等游戏。

（2）训练笔记：

4. “时间到了没说完”应对技巧

演讲时有时间限制是为了避免演讲者内容过多给听众带来听觉疲惫。所以，在规定的时间说完内容是非常重要的。如果遇到“时间到了没说完”的情况，不能很好地处理，会使整个演讲失败。

我作为听众参加过一个以“如何做好中学生”为主题的演讲比赛。当中令我印象深刻的是一位叫顾青的学生，他并没有在规定的10分钟内讲完他近20分钟的内容。当老师提醒他时间不够时，他对老师说：“不好意思，我还没讲完，我讲完可以吗？”老师严厉地说：“如果由于你的原因耽误了其他选手比赛，你觉得合适吗？”说罢，中学生灰心离场。评委老师们摇了摇头，给他打一个不及格的成绩。

我们可能会由于原稿内容多、后期无意识增添内容等原因导致“时间到了没说完”的情况，这时候我们应该怎样做呢？超能量演说告诉你几种方法。

（1）粗略概括要点

在演讲过程中，因为前半段的无意识添加内容导致后半段时间不够，我们可以尝试概括后续要点。

第N段：“然而，普通话的推广并非以方言的消亡为前提”+正文。

第N+1段：“因此从今天开始，我们向师生们倡议”+正文（只需要说第一句）。

第N+2段：“当然这是从小的方面而言，说普通话会给我们提供方便”+正文。

改为：“然而，普通话的推广并非以方言的消亡为前提+正文，因此从今天开始，我们向师生们倡议 + 论点，当然这是从小的方面而言 + 结束语。”

也就是说，到第N段时已经发现时间不够了，但是还有三四段没有说完。那么，在接下来的讲演中把接下来的三四段，只需要说开头。同时要找好衔接语，不然会略显突兀。

（2）提问观众的想法

演讲台上，听众最能够直接决定演讲者的去留。如果遇到“时间不够”，没有讲完，不妨询问他们的意见。

“亲爱的朋友们，由于我太喜爱这个舞台了，所以我的演讲内容稍微偏长，现在还有三个部分没有讲完，但是时间已经不够了，你们比较想听哪一部分？余下来的部分想咨询的可以私下和我说。”

通过你对听众询问意见这样的方式，虽然只能讲一部分就结尾，如果你的演说足够精彩，听众同样也会对你没有讲的部分保留兴趣。

（3）即兴收尾

演讲者通过看时间、场控提醒等方法知道时间不够时，难免会紧张，还有好多内容没讲这样草草收尾会不会掉分？怎样有一个完美的结局呢？我们可以采用以下几种收尾方式：

第一种，故事式收尾。

演讲者可以利用最后的时间，给听众讲一个和主题相关的故事，这样渲染的整个故事主题也不会显得结尾仓促。

比如：“当然，说普通话也会给我们的生活提供方便。我记得，在我小的时候 + 正文”。

我们需要注意的是，说完之后，要紧跟故事的总结和整个演讲的总结，同时也要把握好时间。

第二种，总结式收尾。

总结，是对一个文章最好的概括，也是对听众来说最容易理解的。所以当我们“时间不够的时候，”尽可能地运用总结式的收尾。既能很好地概括演讲立意，同时也可以稍微带出还没有讲到的内容，让听众听起来更加完整。

例如，“在这次活动中我们可以学到：如何提高团队凝聚力；如何管理团队；怎样提高团队效率（可能这一点来不及说在结尾处补上）；怎样使团队长久发展。”

这样一来，通过结尾的再次强调，就会让演讲更加有条理性，同时也化解了由于“时间不够”而带来的尴尬。

（4）巧妙进入互动环节

现场互动环节一般是演讲者安排 10 ～ 15 分钟留给观众的时间，这个期间可以交流演讲内容、沟通和主题相关的观点。在“时间不够”的情况下，“互动环节”也能够为你的演讲增添色彩。

比如：“有志者，事竟成。要想成大事，必须要树立一个目标，那么如何树立目标呢？首先，目标要远大。其次，目标要切合实际……”如果在这个时候，时间快到了，可是还没说完，那么我们可以进入和听众互动环节，演讲者需要走下台，把话筒递给某一位听众，并说：“这位朋友，您觉得我们想要成功，需要做什么呢？”或者说：“您觉得树立目标时还需要注意什么，和我们分享一下。”

时间快到的时候，我们再做个概括性的总结，注意要把观众说的几个要点总结进去。

这样一来，演讲者的演讲也不会因为“时间快到了”而草草结尾。反而，经过整合听众的观点，演讲内容会变得更加完整和充实！

总而言之，面对“时间到了没说完”这一情况，我们要做的不仅仅是心态的调整，同时还要做好平时知识的积累。如果准备充分，再加上以上的方法和技巧，经过多次训练后，面对“时间到了没说完”的情况就能应对自如。

超能量演说训练

（1）为了更好地掌握“时间到了没说完”的应对技巧，需要进行以下训练：

√ 每周进行至少两次即兴演讲。

√ 自己规定演讲时间。

√ 收集关于主题内容的小故事，每天一个，保证熟记于心。

√ 保证至少有一位听众给予合理意见。

（2）训练笔记：

5.“现场秩序混乱”应对技巧

任何一个公众场合都可能发生现场秩序难以维持的情况。

在美国巴特尔克里克的一个正在录制真人秀的直播现场，场内人员嘈杂，孩子的哭声、男人的笑声、女人的聊天声充斥着整个演播室。这时主持人拿着话筒迅速走向台中间对着观众说道：“亲爱的观众们，非常感谢你们利用宝贵时间来到现场为参赛者加油打气，同时我也希望大家在表演中能够保持会场的安静。这不仅是对选手们的尊重，也是为了给自己营造一个良好的观看氛围。谢谢配合！”

话音刚落，台上的选手说道：“我的声音你们听得到吗？如果在我说的过程中有持不同意见的我会留有专门的提问环节，或者我们可以私下交流，可以做到吗？”顿时整个现场随着一声“可以”之后鸦雀无声，脱口秀的节目进展得非常顺利。

在这个故事中，如果我们什么都不做，任其发展，后果将会很糟糕：脱口秀无法正常进行、演员流失、节目收视率降低等。而在这个时候，如果有外界力量的介入就能够让节目顺利开展：

①主持人主动让观众安静——给观众打“镇定剂”。

②脱口秀选手的互动——利用提问互动的方式确保观众保持安静。

主持人在公共场合、舞台之上扮演着重要的角色。当然，想要让演讲有条不紊地进行下去，主持人也需要具备较为合理和专业的技巧。

（1）表扬激励法

任何人都希望被表扬称赞，行为心理学上提到过，一个动作如果通过鼓励的形式反复加以强化，那么它将成为一种习惯。同理，在演讲中遇到现场混乱也不用担心焦虑，演讲者可以尝试着鼓励那些让现场“安静”的观众，一旦“使现场安静是被鼓励的”这种观念在观众群中形成，那么场面很快就会被控制。

“朋友们，咱们这里谁先安静下来，我私下请他吃饭。”

“在座的朋友们都挺活跃的，第一个安静下来和我分享想法的，我现场有礼品哦。”

类似这样的说辞，将你想要观众做的事情做个强化，并且加以鼓励即可。

（2）树立榜样法

上学的时候，老师们经常会说“小红同学发言最积极，你们要向她学习”“小明同学作业最漂亮，你们要以他为榜样”，等等。这在我们心中就树立了一个好好学习、上课认真听讲的好榜样。在演讲场合中，演讲者同样可以运用树立榜样的技巧。在公众场合，人们是需要有一个“领头羊”去做一些事情的，同样“安静”这样的动作也是需要有人带领的。

“你们看第一排第三个那位小姑娘好安静，坐得很端正，小姑娘你是一个人来的吗？”

在演讲者树立榜样的时候，一定要找准符合榜样要求的目标。可以和他进行互动，因为其他观众也很好奇“为什么他这么安静，不说话”？这个时候观众的注意力就被吸引了，然后演讲者再找机会继续演讲话题就更加方便了。

（3）现场游戏法

在公众场合，出现秩序混乱应该是比较糟糕的情况，用什么方法可以让混乱的秩序得以控制呢？——游戏。现场游戏玩好了会使人心情愉悦，使气氛活跃。如果在本来就很混乱的秩序下，作为演讲者组织一场游戏，结果会不会比预期的要好呢？我们来看一个例子：

一位幼儿园老师正准备给全班30多名孩子上美术课。上课前孩子们叽叽喳喳、哭闹不停。整个教室都充斥着孩子们的声音。老师来到课堂看到这样的情况，心想："这么吵，课没法上，得想个办法让孩子们安静下来。"于是，她对孩子们说道："小朋友们，咱们来玩一个击鼓传花的游戏吧！"孩子们一听到"游戏"两个字立马来了精神，既不哭也不闹了，安静地听老师说着游戏规则。游戏结束后，老师很顺利地教孩子们学画画，孩子们也很高兴。

不得不说，游戏本身就是一种有组织、有纪律、有规则，且在一定范围内发展个性的活动。同时"爱娱乐"本身就是人的天性使然，不管是孩子还是大人，都是游戏的忠实粉丝，所以当现场混乱时，组织一场游戏，既解放了观众的天性，也活跃了现场氛围，一举多得。

综上所述，演讲者应对"现场秩序混乱"的方法就是不让局面失控，然后运用与观众互动、现场答疑等方法可以有效地掌控局面，让演讲有序有效地进行。

超能量演说训练

（1）为了能够通过游戏掌控现场局面，需要进行以下训练：

√ 每两天收集一种适合团体玩的游戏。

√ 每个星期在单位或者家庭组织实施游戏。

√ 记录现场气氛，总结优点和缺点。

√ 邀请至少两名观看者旁观，并提出合理建议。

（2）训练笔记：

6. “听众现场提问”应对技巧

提问环节的设定，其实是帮助听众更好地理解演讲者所说的内容。对于演讲者来说，是一个解释误会、重塑观点的好时机。当然，这个环节对于演讲者来说有时候又是慌乱不安的。

那么，为什么演讲者会害怕观众提问题呢？主要原因有以下几点：

（1）局面失控

演讲者在面对观众提出的问题中，内心是惧怕的，他们往往会想到“万一我回答不好，导致局面失控怎么办”。比如，场下七嘴八舌纷纷议论，大家都各自说着各自的理论，只剩演讲者木讷地站在台上，不知如何是好。

（2）问题刁钻

同样，演讲者也害怕观众提出一些难以回答或是自己不愿意回答的问题。比如，“为什么太阳会把头发晒浅而把皮肤晒黑”“为什么下雨时，绵羊不缩水，而羊毛的衣服缩水”等问题。

（3）颜面扫地

演讲者也害怕问题回答不上来或者回答不好，观众会笑话他们，甚至会有观众辩驳，致使他们感觉在众多人面前出丑。

那么，出现以上情况我们该如何解决呢？在这里，可以给大家提供几点方法：

（1）如实告知

“知之为知之，不知为不知，是知也。”这是孔子在《论语》中提到的。面对观众的提问，如实回答，把演讲者所了解的可以和听众做个交流，当然不知道的也不必隐瞒。通常情况下，演讲者可以委婉地说："这方面我还没有涉猎，下台后我要好好研究，一定给你一个满意的答案。"作为演说者永远要相信在台下有专家观众，你一知半解的回答，不但不会引起观众的赞扬，还会让观众嘲笑。

（2）转移战场

在演讲场上面对观众的提问正如战场上的枪林弹雨，观众用话筒作为"枪支"，用犀利的语言作为"子弹"一发又一发地射向台上的演讲者。而作为演讲者，不应该坐以待毙，也要有效回击。

观众问："在您的观点中有提到一夫一妻制在目前来看是合适的，但我想问一下，随着人口老龄化的快速扩散，是不是以后就会回归封建时代，一夫多妻呢？"这时候演讲者可以说："非常感谢您对我的演讲内容的仔细聆听，您的问题也非常不错，我想这么有深度的问题，现场应该有研究相关问题的听众，请他来谈谈对这一问题的看法。"说完这句话，我们只需要当个聆听者即可。

这样的做法会起到两个效果：第一，化被动为主动，把话题转移到听众席，也避免演讲者因回答不了问题而产生的尴尬；第二，无意之间形成一个听众互动的氛围，只要把控得当，不会影响整个演讲。

（3）反抛问题

在产品的销售过程中，客户会问到一些比较棘手的问题，比如："你觉得我该买多少份额呢？"实际情况是，销售员不知道客户的经济实力，说多了怕客户承担不起，说少了，对自己的利益同样有损失。所以这个时候有个巧妙的回答"您觉得以您现在的经济基础，能承担多少呢？"这样的话，不仅化解尴尬，同时作为销售人员也会明白客户的经济实力。

在演讲台上，这个技巧同样适用。比如，观众问：“您觉得如果按照您的说法，对我这类型的人，我该怎样提高自己的学习能力呢？”这个时候演讲者可以说：“如果您是我，您该怎么解决这样的问题呢？”这叫试探性提问，有的观众是心中早就已经有肯定的答案，他们只是想多一个人确定自己的想法罢了。

（4）礼貌拒绝

演讲者要分辨听众的问题是不是善意的，如果是故意让演讲者下不来台的提问，演讲者可以置之不理，拒绝回答。

比如说：“张老师，您觉得中国未来会实行一夫多妻还是一妻多夫制呢？”不难想象，这样的问题有可能会引起观众的争议，所以演讲者只能婉转地拒绝：“关于这个问题的答案非常复杂，台上时间有限，为了不影响我演讲的正常进行，也为了不耽误其他观众的宝贵时间，我建议我们私下沟通。”说完演讲者只需礼貌道谢，继续下面的内容即可。

综上所述，面对观众的提问，演讲者首先要明白，在不特意制造现场混乱的前提下，听众能提出与演讲内容相关的问题，反映出两点：第一，他在思考演讲者所讲的内容；第二，演讲者的演讲引起了他的兴趣。所以，在解决这些问题时，演讲者要摆正心态，冷静思考和分析问题，并最终合理解决，只有这样才能在演讲场上立于不败之地。

超能量演说训练

（1）为了能够深入掌握应对观众现场提问技巧，可以进行以下训练：

√ 内心模拟观众提问情景，提高心理适应度，降低提问带来的压力。

√ 借助身边人的力量一对一地进行模拟提问，熟练运用技巧。

√ 转换角色，作为听众去听一次别人的演讲，在场上进行提问，并记录。

（2）训练笔记：

第 12 章
演讲结束技巧：如何设计演讲的结尾

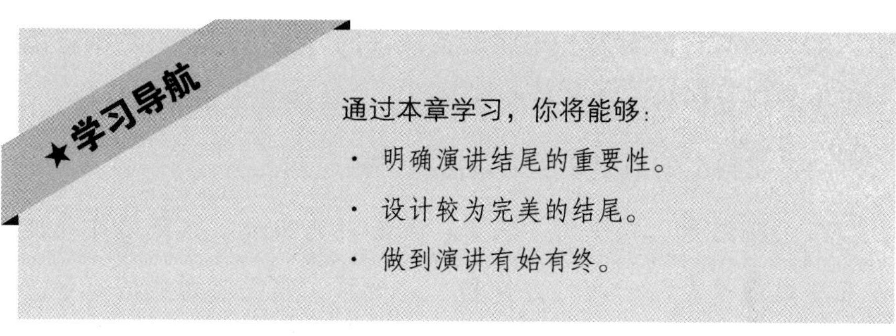

1. 万能演讲结尾公式

俗话说：“编筐编篓，重在收口；描龙画凤，难在点睛。”对于演讲而言，演讲的结尾就好比“收口”“点睛”。如果演讲者将演讲的开头和高潮设计得很精彩，那么再加上一个出人意料、耐人寻味的好结尾，就等于锦上添花，能够形成一篇精妙绝伦的演讲稿。

如何能在演讲结束的时候，不至于太唐突，又能给观众留下深刻的印象？超能量演说有一套万能演讲结尾公式：要点回顾 + 感恩听众 + 号召行动 + 发表展望 + 结束语。

（1）要点回顾

在演讲中，听众的思路是随着演讲内容来切换的，成功的演讲者可以成功地引导听众的思路，也能迅速地收拢听众的思路。一篇完美的演讲稿一定具备要点回顾，它能够帮助我们在紧扣主题的同时，强化听众的印象。

（2）感恩听众

感恩是一个恒久的话题，之所以常被人们传颂，是因为它能够传达出人们之间真实的情感和温暖的情怀。同时感恩词语也是演讲结束时必不可少的重要环节，感恩是演讲者应该具备的基本素养和礼仪。

一名轮椅上的清华学子的震撼演讲稿：

这一路走来，我得到了太多，借着这次机会，我想感谢我的父亲，他在遥远的家乡以一人之力撑起了这个家；我想感谢我的母亲，她几乎牺牲了自己的全部，成就了我的人生；还要感谢给我提供帮助的所有人，正是有了这些帮助，才有了现在这个得以在这里向各位表达谢意的我。

（3）号召行动

从某种程度上来说，一篇好的演讲稿，一定具有现实的教化意义，它能从某些层面上唤起听众的深度思考和共鸣。如何彰显出这种教育意义，激发听众付诸实践，最重要的就是在文章的结尾增添呼吁的色彩。利用呼吁和号召将听众的情绪推向高潮，调动听众的激情，最终把自己的演讲推向一个巅峰。

演讲稿《一位纪委书记的“小家”和“大家”》结尾就是利用号召行动的方式：

同志们、朋友们，我们正处在一个伟大变革的黄金时代，经济的发展，国家的富强，民族的振兴，需要全体人民的艰苦奋斗，特别是共产党人的模范带头作用。如果每一个共产党员都能正确处理好“小家”和“大家”的关系，严格地按党性原则要求自己，用党的纪律约束自己，用党旗下那神圣的誓言激励自己，那么我们党的形象将会更加光彩照人，我们党将会更加坚强伟大！

在演讲结尾处，演讲者用深刻的认识和独到的见解向广大听众提出呼吁，施发号召，在激发听众的积极性和热情的同时，也引人思考、耐人寻味。

（4）发表展望

演讲稿的结语既是对整篇内容的总结，又是对未来的展望、期许以及祝愿，所以演讲稿的结语内容一定要认真对待。

一篇励志演讲稿《心有多大，舞台就有多大》：

虽然这次大戏节已经闭幕了，但这正是个开端，我们要用我们的手，用我们的努力，把更多没有机会站在这里的人的梦想搬上舞台，让更多的人能够像我们一样，完成自己的梦想。我坚信：心有多大，舞台就有多大！

（5）结束语

结束语不需要有太明确的标准，它可以是一句总结性的话语，也可以是一句祝福，或者是一句带有激励性的话语。

今天的演讲就到这里，感谢大家的倾听！让我们都能成为一个为梦想而不懈奋斗的人！祝愿我们的家庭幸福美满，祖国繁荣昌盛！

超能量演说训练

（1）为了能够深入掌握演讲结尾技巧，需要注意以下要点：

√ 合理规划演讲的时间，基本上控制在 1/6 开场白 +4/6 主题 +1/6 结尾（1 小时之内）。

√ 注重内容结构的整体性和协调性，不可虎头蛇尾，草草收场。

√ 有针对性地提醒听众需要记住哪几点。

√ 善于利用演讲中核心或者细节部分做结尾。

√ 如有遗忘，宁可不讲也不要在演说结束时进行补讲。

√ 结尾即便不精彩，也可以利用真情实感来打动听众。

√ 学会参考精彩演说稿的结尾。

（2）3 分钟结尾演讲稿设计：

2. 三种常见的演讲结束语

中华文化博大精深，演讲内容所呈现的形式也是纷繁各异，尤其是演讲结束语的表达方式更是层出不穷。例如：故事式、对联式、名言式、幽默式、点题式、祝贺式、余味式、决心式等。但是以上几种结束语的运用并不是很普遍，基本上不经常使用，尤其是对于一些演讲新手来说，面对选择性较多的结束语，经常会无所适从，很难把握。超能量演说列举了以下三种常见的演讲结束语：总结式、抒情式、高潮式。

（1）总结式

众所周知，写文章讲究总—分—总、总—分、分—总三种形式。从整体上来看，文章总结所占比例最大，是一篇完整内容中必不可少的部分。同理，在演讲稿的设计中对于演讲内容的总结也应被充分体现出来。尤其是在演讲结尾的表达方式上，人们习惯以总结归纳的方式作为结尾。

演讲稿《永照华夏的太阳》结尾：

我们是从哥白尼日心说中认识太阳的，我们又是从历史的迁徙中认识中国共产党的。八十年过去了，八十年斗转星移，日月变迁。太阳的辐射仍依托马列主义的热核放出它巨大的能量，从而去凝聚着属于它普照的民族和人民。月亮离不开地球，地球离不开太阳，人民离不开党。祖国的未来，中华的腾飞，需要中国共产党的领导，党就是永照华夏的太阳，也就是我们心中的太阳。

在演讲的结束语部分，演讲者精练而系统性的语言对整篇演讲内容和思想观点做了一个高度性的概括和总结。利用日月星辰密不可分的关系，巧妙地归纳出“月亮离不开地球，地球离不开太阳，人民离不开党”的结论，突出中心，紧扣主题，强化了听众对演讲核心内容的记忆。

（2）抒情式

借用诗句、散文、排比等饱含深情的语句以及发表感慨来结束演讲。抒情式的演讲主要是从心灵层面上来打动听众，激起听众心中的浪花，在一定程度上唤起人们情感上的共鸣。

关于安全的演讲稿《请保护好自己》结尾：

“人有悲欢离合，月有阴晴圆缺”，但请您牢牢把握安全。“但愿人长久，千里共婵娟”是我给您的祝愿，“请保护好您自己”。为了国家，为了企业，为了和您朝夕相处的同事，更为了您和您的家人，“请保护好您自己”。

这个抒情式的结尾，巧妙地将诗句与安全意识相结合，诗意浓浓，合情合理，情理俱在，给予听众心灵上极大的享受和鼓舞。

（3）高潮式

在演讲的高潮部分戛然而止，作为结尾。从演讲的内容来讲，采用高潮式的结束语，具备一定的高度，因为它是整篇演讲的总结和概括。从语言的角度来讲，语言的气势和力度要一层高过一层，要有排山倒海的气势。

励志演讲稿《有种胜利叫坚持》结尾：

有两个字叫作“努力”，有一句话叫作“坚持到底就是胜利”。也许你不是最棒的，也许你毫无信心，但是只要你努力拼搏，终点就在眼前！奋斗吧！那疾驰的英姿！

这篇演讲稿本身就是一篇向听众传达气势和能量的稿件，在演讲结尾部分，演讲者设法在最后时刻不断加重语言力度，发挥出强大气势，激起演讲的气氛，从而掀起整个演讲的高潮。

超能量演说训练

（1）为了能够设计出精致的演讲结束语，需要注意以下要点：

√ 演讲结束形式不拘一格，可以视演讲具体情况而定。

√ 时刻为升华演讲主题、强化听众印象服务。

√ 注重整体协调性、不突兀、不平庸。

√ 有理有据，有情有义，情理俱在。

√ 语言精练，首尾结构严谨，通篇浑然一体。

（2）训练笔记（从演讲结尾的角度来阐述你学到了哪些设计演讲结尾的技巧）：

PART 3
演讲实践演练

第 13 章　即兴演讲演练
第 14 章　获奖感言演练
第 15 章　竞职、竞聘、竞选演讲技巧

第 13 章
即兴演讲演练

★学习导航

通过本章学习，你将能够：

- 了解即兴演讲，并认识到它的重要性。
- 熟悉即兴演讲的设计思路，掌握万能公式的使用。
- 克服对即兴演讲的恐惧，强化临场表达能力。

1. 即兴演讲的万能模板

即兴演讲考验的是一个人构思能力和及时应变的能力，在演讲中以一个万能公式或者是基本模式框架作为快速构思的依据，使即兴演讲既符合人们的思维习惯，又能够把信息完整地传达出去，将话题集中起来。

这是一种万能的方法，能够保障在即兴演讲中利用事先制订好的思路，根据思路来填充内容，从而保证在演讲的过程中能够娓娓道来。即兴演讲看似是一项极富挑战性的语言工作，实则背后有套路可循。

超能量演说有一套即兴演讲的万能模板。

（1）开场白

无论是正式场合演讲还是非正式场合演讲，是准备良久的演讲还是即兴演讲，都难免少不了开场白的介绍。开场白虽然短小，但实为精练，真正能够起到开篇立题的作用。一般情况下，即兴开场白和其他类型演讲的开场白一样，主要都是围绕三个方面展开：问好、感谢、自我介绍。这些因素看似千篇一律，但是经过精练的语言、生动优美的词汇就能够为开场白增添几分姿色，从而给观众带来耳目一新的感觉。

（2）内容

在即兴演讲中最有挑战性的部分就是演讲内容。如何在没有充分准备的情况下仍然能够做到胸有成竹？如何在最短的时间内构思好演讲的整体框架、思路？这是演讲者需要面对和克服的问题。

当然，所有的问题都有其本身的解决方法。在即兴演讲前短暂的准备时间里我们可以通过以下三种方法来迅速整理思路、构思框架和内容。

第一种方法是利用“三么”框架构思模式，在即兴演讲之前我们可以快速思考三个最基本的问题，即“是什么”“为什么”“怎么办”。需要注意的是，“三么”框架构思法只是在演讲前和演讲中的思维模式，而不是口语表达模式，在表达过程中要选准陈述方式。

第二种方法是“三点”归纳式的构思模式，这种方法的特点是参加各类活动时养成边听边想的习惯。随时注意用“三点（要点、特点、闪光点）归纳”的方式进行思考，随时做好即兴演讲的准备。一般情况下，总结性即兴演讲可综合运用这“三点”。

第三种方法是事件构思模式，根据事件的来龙去脉，一一进行陈述。先对事件本身进行描述，然后根据事情的发展情况来讲述事件的发展经过，最后针对事件的结果发表感言。

（3）结尾

在即兴演讲中，结束语和开场白同样重要。结束语相当于收尾和总揽全局的作用。一般情况下，即兴演讲的结尾由三部分组成，即总结、感谢和祝愿。

总结是对全文做一个大致的收尾性的工作，总结的精妙之处在于能够用精练的语言囊括整篇演讲的内容。感谢是每一场演讲中必不可少的环节，无论是在演讲的开场白还是在演讲的结尾部分，都需要对现场的听众朋友们表示感谢和欢迎。这是一种基本礼仪也是一种规范标准。祝愿是跟随感谢之后的语言，有时候可以根据演讲的主要内容来发表愿景和祝愿，有时候也可以是单纯的对听众朋友们生活、身体方面的祝愿。

总的来说，即兴演讲虽然具备一定的挑战性，但是经过长期的学习和经验总结，也是能够找到方法和技巧的。经过训练和掌握技巧，演讲者不仅能够在这个过程中锻炼自己，提升自身随机应变的能力，也能够轻松驾驭突发情况下的即兴演讲。

超能量演说训练

（1）为了培养即兴演讲能力，我们需要进行以下练习：

√ 每天练习对事物进行头脑风暴式的分析和表达，在短时间内组织好语言表达出来，至少列出优点、缺点、特点以及事实依据。

√ 每天阅读新闻、书籍，积累语言素材，扩充自身的知识库。

√ 每周进行一次即兴演讲训练，主要训练自身语言表达能力、快速思考能力。

√ 经常在朋友面前讲故事，一方面锻炼自身语言表达能力，另一方面培养系统性、逻辑性的思维。

√ 抓住演讲俱乐部即兴演讲的机会，进行实战演练，事半功倍。

（2）训练笔记：

2. 即兴演讲的实战演练

即兴演讲，“即”就是即刻、无准备的行动；“兴”就是真性情，有感而发。无论是将词语分开来看还是合并来看都体现出即刻行动，即刻发言的寓意。即兴演讲能够在一定程度上反映出一个人在日常生活、工作中是不是一个思维敏捷、善于沟通交流的人。

事实上，人与人之间的沟通就是在进行一场即兴演讲，只是交流的随意性较大，演讲时间不固定。那么，究竟如何在正式场合，固定的时间内，交出一份完美的即兴演讲答卷呢？这就要求我们进行即兴演讲的实战演练。

超能量演说有一套即兴演讲实战演练（围绕开业主题进行的即兴演讲实战演练）

（1）开场白演练

尊敬的各位领导、各位来宾：

大家上午好！（问好）

我是XXX，首先非常感谢各位领导、新闻媒体、社会各界朋友们对XXX的大力支持，让我们以热烈的掌声欢迎各位前来捧场！（感谢和欢迎）

在这个春意盎然、万象更新的美好季节里，XXX在各级领导和朋友们的鼎力支持下，今天正式开业了。（重述事件本身）

（2）内容演练

XXX是我市卫生局批准的一家综合性的医疗机构，是市第一人民医院技术指导医院。医院配套设施完善，布局合理，环境优美，医院设有内科、外科、妇科、儿科、中医科、康复科等多个科室，医技科室有B超室、心电室、X光室、TCD室、生物化验室等。

我们将努力完善医疗设备，努力构建优美的环境以及和谐的医患关系，积极开展爱心活动，不断推进医院“品质、疗效、服务环境”的建设步伐。以高品质的医疗服务、至真至诚、风险社会，提高我市居民的健康水平。（事件的本身经历）

我们相信，有市、区各个有关部门营造的良好环境，有广大人民群众的支持和厚爱，我们一定会不负众望，把这份健康事业做得更好！

在未来发展中，恳请各级领导、各位朋友们能够给予XXX一如既往的关怀和支持。（对于整个事件的感言）

（3）结束语演练

最后让我们再一次向各位领导和朋友们表示热烈的欢迎和衷心的感谢！也祝各位领导和朋友们工作顺利、身体健康、阖家幸福！（结束感谢与祝福）

除了围绕事件的发展之外，我们还可以利用其他方法进行陈述演讲。例如，是什么、为什么、怎么办，围绕这三个方面来进行陈述演讲；还可以利用分点的方法：第一点、第二点、第三点……这些方法可以使得我们的思路得到串联，具有连贯性。有利于进行逻辑清晰、流利顺畅的表达。

即兴演讲“分点法”举例：

领导人卸任演讲

亲爱的同人：

大家好！我在临别之际没有什么礼物要送给大家，就送给大家“三盆水”吧！

第一盆水，希望大家经常洗洗头。洗掉旧框框、洗掉旧思维、洗掉短期行为，我们只有长远规划，才能做到科学决策。

第二盆水，希望大家经常洗洗手。不拿群众一针一线，真正地深入群众，为群众解决困难，为群众服务。

第三盆水，希望大家经常洗洗脚。洗掉疲劳、洗掉惰性，洗出脚踏实地、勤政为民的作风。希望大家勤下基层，多多倾听群众的声音，询问群众的困难，解决群众的问题，真正成为群众的公仆。

以上“三盆水”作为礼物送给大家，希望大家用好这“三盆水”。谢谢大家！

演讲者将整篇演讲内容分为“三盆水”，围绕这“三盆水”从容不迫，娓娓道来。既体现了自身富足的经验和睿智的头脑，也体现了演讲清晰的逻辑性，使得整篇演讲具有强大的吸引力，让人听起来油然而生出一种敬佩感。

总的来说，即兴演讲的技巧层出不穷，训练方法与实践演练可以视自身情况和演讲具体内容来定。不过万变不离其宗，都需要让听众听懂、悟懂，都需要展现出一套系统的、合理的、清晰的演讲思路。即兴演讲虽然相对于有些长篇大论的演讲来说，相对短小，但是“麻雀虽小五脏俱全”，对于演讲中需要掌握的开场白、结束语都不可忽略。只有这样才能让整篇演讲看起来更加规范合理，才能引得了下文，兜得住整篇演讲内容。

超能量演说训练

（1）即兴演讲实战演练规则训练设计：

√ 现场抽题，逐人上场，每人演讲 2 分钟。

√ 前一位开始计时，下一位学员开始到助教处抽签准备。

√ 演讲到 1 分 30 秒时助教示意，时间到助教提示。

√ 2 分钟时间到时助教进行提示，演讲人立即结束演讲。

√ 演讲结束，感谢后下场。

（2）3 分钟即兴演讲设计：

第14章
获奖感言演练

★学习导航

通过本章学习，你将能够：
- 明确获奖感言的重要性。
- 熟悉获奖感言基本流程。
- 掌握获奖感言的基本方法。

1. 获奖感言的万能模板

“获奖”是对我们生活、学习、工作的过程和结果的一种肯定。但在众人皆喜的情况下，我们会作为荣誉、奖项的发言人，代表个人、团队、公司，甚至是国家进行发言。有的朋友会紧张得语无伦次，有的会乱说一通而毫无逻辑。那么，怎样说才会是有水平、有实力的获奖感言呢？获奖感言是否有固定的公式供朋友们使用呢？答案是肯定的。

超能量演说为朋友们整理了一套获奖感言的万能模板：

（1）开场

好的开头是成功的一半。文艺演出有“开场舞”、公司会议有“开场词”，一个精彩有活力的开场能够带动演出、会议的气氛，体现出精气神。同样，获奖感言也需要有一个好的开场，它是衔接发言内容的桥梁，也是整个获奖感言的基础。

在获奖感言的开场中我们要抓住三要素：问好、名字、感谢。

我们先来看一则获奖感言：

尊敬的校领导、老师，亲爱的同学们：

大家好！（问好）

我是初三（2）班的吴青青（名字），我很荣幸代表全校获奖的同学在此表达我们对学校及老师们的感激之情。（感谢）

在这段获奖感言中，获奖者吴青青紧紧围绕开场三要素问好、名字、感谢来进行发言，这样一来显得思路清晰、逻辑鲜明，二来用层层递进的关系表达了他对学校、老师的感激之情，先总后分、先大后小。这样的获奖感言在学生中实属优秀。

（2）内容

如果说“开场”相当于一个人的颜值，高颜值有让人继续了解的欲望；那么“内容”就相当于一个人的内心，丰富有趣的内心会令人愉悦，激发人去欣赏。同样，在获奖感言中，我们的内容不仅是饱满的，而且要有条理，让人醒目。

我们在发表内容时同样要满足三要素：归功、经历、感言。

①归功

“喝水不忘掘井人。”任何一个人的发展，都离不开老师的指导和家人、朋友的支持。更何况，在他们的帮助下取得了更好的结果，我们也理应在功劳簿上提到他们，这是对他们辛勤付出的一种肯定！

所以，为了体现尊重与重视，我们把需要感谢的公司和个人安排在第一段。例如：

首先，我很感谢学校。对于我们广大学生来说，这是对我们在学习上的一种肯定，更是对我们学习上的一种激励和鼓舞，使我们在学习上不敢有丝毫懈怠。另外，我还要感谢培育我们的老师，因为有了你们的辛勤付出，才有了我们今天的收获。

这位学生将自己成长中阶段性的成果归功于学校、老师，并将其带给自己的鼓励进行了阐述。由此可见，当我们在写获奖感言时，“归功”不宜过长，言简意赅，点到为止。

②经历

经历，即回忆过往的日子，我们通过怎样的努力，才拥有今天的成果。无论是谁，只要取得成功，他的奋斗过程总是可圈可点的。在“获奖感言”中，我们要体现的是自己为了今天的成绩，披星戴月、浴血奋战的经历。这样才能让内容更加鲜活。

在美国加利福尼亚州的一家小型企业中，一位员工被评选为“明星员工”，他在“获奖感言”中这样说道：“入职以来，回想已走过的四年时光，我自认为对公司并没有突出贡献，只是每天都按时按量地完成公司交给我的任务。同时，我总结经验，向他人学习，提升自己。尽量让自己的工作，一天比一天快、一天比一天好。尽可能地提高工作效率，提高客户满意度。其实，你们只要按部就班地工作，完成每一次任务，公司就会发现你的努力并加以肯定！”

这个“明星员工”回顾了自己在公司的四年时光，除了每天按部就班工作以外，他还提升自己，虚心求教，终于他的努力有了效果，并且公司也进行了褒奖。我们在看这部分时，大脑中能够浮现出的是他努力工作、努力付出的场景，这样就会让听众印象深刻。

所以对于过去的经历，描述得越具体、越感动、越难忘，你的内容就越容易打动听众。

③感言

在我们的获奖感言中，我们也需要结合过往经历和如今成绩说出自己的看法和感悟，这样也便于后辈学习其中的经验。

在公司年度优秀员工的颁奖典礼上，后勤部的一位同事代表优秀员工发表了获奖感言，她与我们分享了她的工作体会。我在这里借花献佛讲一下："第一，付出总会有回报，正所谓一份耕耘，一份收获；第二，学习是最大的竞争力，只有不断地学习才能使我们立于不败之地；第三，无论在生活中还是在工作中，都要保持一个积极向上的心态。"

我们在构思自己的"获奖感言"中"感言"时，也可以像案例中的这位员工一样，围绕"自己的体会"和"你想让听众学习到什么"这两方面着手，并且要注意的是语言方面不宜过于烦琐，最好控制在5点之内。

(3) 结尾

获奖感言的结尾，需要包含两点内容：奉献、感谢。

①奉献

这里的奉献，一定是包含自己对未来的期许，比如"我会好好工作""我会比现在更加努力""我们一定可以再创新高"等，意味着我们会"芝麻开花节节高"，做出更多的贡献。

例如："接下来的时间里，我不会对自己松懈，相比于之前我会更加努力，为公司和团队贡献出自己的一份力量！"

②感谢

发表一场获奖感言，坐在台下的人肯定是很多的，这么多人的陪伴和聆听，会让你的"获奖感言"变得有活力。有听众才有感言，所以，我们同样要在结尾处对听众说声"谢谢"。

超能量演说训练

（1）为了能够熟练运用“获奖感言”的万能公式，需要进行以下练习：

√ 每周写一篇获奖感言，确定不同内容。

√ 列举出提纲，再尝试根据万能公式自由发挥。

√ 每天看一篇优秀获奖感言，学习好的开场。

（2）训练笔记：

2. 获奖感言的实战演练

看过《亮剑》的人应该都有印象，李云龙为了打败日本坂田部队，研究日本军队的战法，让自己的两个营练习“刺杀”，李云龙说：“只有真刀真枪地干一把才知道这仗该怎么打！”有实战演练的经验，才能在真正的战场战胜敌人，所以，平时我们要从每一步、每一个细节做起。

“获奖感言”的实战演练如何去做呢？超能量演说有一套实战演练技巧：

（1）开场白演练

尊敬的各位领导、各位同人：

大家好！（问好）

我是李潇潇，首先要感谢公司给我提供了这个展示自我与实现自己价值的平台。（名字和感谢）

（2）内容演练

作为一名刚刚大学毕业不久的新员工，能够获得公司“优秀员工”称号，我很高兴，也非常激动。在此我想说，是领导关怀、是所有同人对我的鼓励，以及客户的支持，让我今天站在了这个领奖台上，我要向所有曾经帮助、支持过我的领导、同事、客户深深鞠上一躬，谢谢你们！（归功）

在过去的一年里，我们浴血奋战，我们相互鼓励，我们全力以赴。在我们全体同人的共同努力下，终于达成了目标。我自己也成为公司年度销售冠军。（过去经历）

今天，我有三个非常深刻的感受：

第一，每一份私下的努力，都会获得成倍的回报，并在公众面前被表现出来。

第二，行动是成功之母，如果我们有好的想法，好的观念不去行动，不去试试，都是空想。

第三，向不可能挑战，只要我们具有明确的目标与超强的行动力，没有达不成的目标。（发表三点感言）

（3）结尾演练

我相信，只要我们全力以赴，在新的一年里，我们一定可以创造新的奇迹。（奉献）

谢谢大家！（感谢）

通过“获奖感言”的实战演练，我们详细分析了在发表感言中，需要做的以及注意的具体事项。同时，我们还需要熟练运用“获奖感言”的万能公式，通过日常训练中的有效积累，让自己的“获奖感言”更加丰富饱满！

超能量演说训练

（1）为了能够深入掌握获奖感言的要领，需要进行以下练习：

√ 选择有场地、灯光、20 ～ 50 位听众和一名主持人的大厅，做一次获奖感言练习。

√ 事先检查话筒、灯光以及消防通道的安全性。

√ 自备录音机，台下听众准备笔和纸记录你的优缺点。

√ 注意自己的步法、神情和动作。

√ 结束后，综合观众的意见建议，结合自己的感受，整理归纳。

√ 制订出一套适合自己的细节训练计划。

（2）训练笔记：

第 15 章
竞职、竞聘、竞选演讲技巧

★学习导航

通过本章学习，你将能够：

- 明确竞职、竞聘、竞选演讲的重要性。
- 熟悉竞职、竞聘、竞选演讲的基本流程。
- 掌握竞职、竞聘、竞选演讲的基本方法。

1. 竞职、竞聘、竞选演讲的万能模板

市场经济，人才济济。“千军万马过独木桥”的现象屡见不鲜。公司、学校、团体为了选择出更加适合的人才，设置了一道又一道关卡。其中一关就是“竞演”，这里一般是企业用人的第一道关卡，这也是最直接让企业了解你的渠道。所以，要想让自己在千百人中脱颖而出，就要说好竞选演讲。

超能量演说整理出一套万能模板：

（1）开场白

在竞选的演讲中，和一般的演讲不同的是，它的顺序更为严谨。比如说：在第 14 章中我们学习的“获奖感言”中，它的开场要素是：问好，姓名，感谢；而在竞选中，要素的顺序做了一下改变：问好、感谢、姓名。

各位老师、同学们：

大家晚上好！（问好）

这次能够参加学生会主席的竞选，首先感谢老师的推荐和同学们的支持！（感谢）

我叫明坤，是高二（3）班的学生，现任学生会文娱部部长一职。（姓名）

竞选者是一名学生会成员，这次竞选的是学生会主席一职。众所周知，参与竞选是需要老师、领导推荐的。这样的平台也是需要老师的搭建，所以文中“首先感谢老师的推荐”是合情合理，也是非常必要的，然后再介绍自己的姓名和职务。

（2）内容

竞选演讲中的内容，是整个演讲的重头戏。因为在这个部分，企业、学校领导需要知道你竞选的原因、个人能力、个人想法、态度以及对待这份工作的持久力，同时也要考察如果没有竞选上，你会怎么做？

所以根据这些内容我们需要从以下方面着手：

第一方面：原因。

万事万物有因才有果，有想法才会有行动。在竞选演讲中，我们不仅要自知竞选的目的，还要让评委老师、观众知道你此次竞选的原因。

比如说：“我想通过此次竞选，提升自己，给自己一个更高的平台发展。”

“我想更好地为老师和同学们服务，同时也是为了提升自己。”

明确目的的前提，是自己要弄清楚为什么要竞选，这样才能更好地把你的想法传递给别人。

第二方面：经历。

在竞选演讲中所涉及的经历，并不是那些耐人寻味、满是回忆的奋斗史，而是之前从事过的工作、担任过的职务。当然，在这里我们要阐述得越简洁越好，这样可以使用人单位、公司领导更加直观地了解你。

在描述自我经历时，我们需要注意两点：语言简洁；按实描述。

比如说："我先后担任过文艺委员、学生会主席、班长"等职务。

"先后"二字可以准确传达职务的时间顺序，这样会使自己的演讲思路更加清晰。

第三方面：经验。

在寻找工作时，一般用人单位会问你："有没有经验？""之前做过这类的工作吗？"对于用人单位来说，选用一个经验丰富的人远比行业新手要轻松得多，可以节省人力、物力、财力。所以，对于竞聘者来说，经验就显得尤为重要。

在竞选演讲中，我们要注意的是一定要说与你目前竞聘单位有关的经验，无关的经验就无须赘述。

第四方面：作用。

作用，是过去的经验对现在的事物产生的影响。在竞选演讲中，我们需要标明的另一个重要的部分就是，之前的经验对于我们接下来竞选的职位、工作能够起到怎样的帮助作用？包括在此次竞选中，我们有怎样的竞选条件？这是领导、单位需要了解和知晓的。

（3）结尾

有头有尾，方为结束。在结尾时我们肯定是希望能被领导、用人单位录用，同时我们也要感谢大家聆听。

所以，我们要从两方面来说结尾：希望、感谢。

"通过这次竞聘，我愿在以后的工作中，励精图治，立足本职，专研业务，勤奋工作。在求真务实中认识自己，在积极进取中不断追求，在拼搏奉献中实现价值，在竞争中完善自己。胜固可喜，败亦无悔！希望各位领导能够给我这次机会。（希望）

谢谢大家！（最后感谢）”

在结尾处，需要表达出你对这份工作的渴望，“胜固可喜，败亦无悔”反映出了一个平和的心态。

竞选演讲的万能公式是一个由浅入深、由表及里的过程，先后简单地介绍工作经历、经验的积累、经验的作用体现、具体做法，一直到最后提出希望、表示谢意。只要你对自己做一个深入的自我剖析，加上万能公式，相信一定事半功倍！

超能量演说训练

（1）为了使竞选演讲更能打动领导，需要进行以下训练：

√ 仔细思考你竞选的目的。

√ 列举出至少近 5 年的工作目标和计划，贴在显眼的地方。

√ 详细说明一个你为了目标努力奋斗的经历，越感人越好。

√ 侧面了解你所竞选职位的具体工作情况、晋升情况。

（2）训练笔记：

2. 竞职、竞聘、竞选演讲的实战演练

理论应用于实践，实践又验证理论。超能量演说在整理、归纳、总结一套又一套的理论公式也是在合理套用之后，方能彰显效果。

竞选演讲的应用范围比较广，我们可以根据不同的情况套用万能模板：

现在我们分析一个关于竞选银行经理的案例：

（1）开场白演练

各位领导、各位同事：

大家晚上好！（问好）

当我平静地站在这挑战与机遇并存、成功与失败同在的讲台上时，内心不仅充满了舍我其谁的信念，同时也做好了勇于拼搏、敢于挑起重担的准备。

这次能够参加支行营业部营业经理岗位的竞聘，首先应该感谢支行领导为我们创造了这次公平竞争的机会！（感谢）

我叫李欣，现年 35 岁，大专文化程度，助理会计师专业技术职称。（姓名）

（2）内容演练

此次竞聘是为了响应人事制度改革的召唤，在有可能的情况下实现自己的人生价值。拿破仑说："不想当将军的士兵不是好士兵。"恰逢这次难得的机会，我本着锻炼、提高的目的走上讲台，展示自我，接受评判。（原因）

我先后在支行会计科、房地产信贷部、信贷科、蠡湖分理处分别担任会计、信贷员、分理处副主任兼主办会计。（经历）

在经过十几年银行工作的锻炼和两次财会班进修学习，以及担任副主任兼主办会计的一年多的时间里，使自己在业务、柜面管理等方面都有了很大的提高，使自己比其他竞聘者更加有优势，自己对能够胜任这一职务充满自信。同时十几年的银行工作也使我深深地感到机遇和挑战并存，成功与心酸同在。（经验）

同时，我认为我具有以下任职资格：

首先，十几年银行业务的锻炼，使我养成了做好营业厅工作必备的大局意识和扎实的工作作风，并基本具备组织协调能力和调查研究能力，这些都是作为营业部经理所需要的。

其次，本人作为分理处主任、主办会计和信贷员，在亲身参与各项工作的同时，参加了多种培训活动，对营业厅经理的工作、柜面业务操作都较为熟悉，这为较快适应柜面业务各项工作奠定了坚实的基础，也为今后能够较快较早融入工作赢得了时间。（经验和经历的作用）

最后，如果我竞聘成功，我的工作思路是：以“以勤恳务实，勇于创新”为信条，加强学习，提高自身素质；以扎实工作，锐意进取的精神，当好会计科长和营业机构负责人的参谋和助手。（承诺＋工作思路）

为此，在自我严格要求的前提下，我作为部门经理，我也会提高员工的素质，调动员工的积极性和创造性，建立融洽的人际关系，把这个放在各项工作的首位；另外，我也会在员工需要帮忙的地方给予他们最大的帮助；还要建立人性化的员工考核制，让员工在一定范围中个性发展，共创营业部佳绩。（承诺＋工作方法）

我将以支行下达的各项任务目标为己任，认真贯彻国家有关财政法

规和银行各项财务会计规章制度及操作规程……（承诺＋工作目标）

（3）结尾演练

在未来，我将一肩挑起家庭一肩挑起事业，励精图治，改革创新，把我们支行营业厅打造成服务一流、业务一流的营业部！希望各位领导能给我这次机会。（希望）

谢谢大家！（感谢）

通过竞选银行经理的竞选稿案例我们不难发现，竞选所用的语言风格都比较偏官方，尤其是党政机关的职位、领导层的职位更是如此，所以我们竞选所用的语言需要正式一点。

首先，演讲思路清晰。运用时间概念以及先后概念的词语较多，使得通篇演讲逻辑分明。其次，来意明确。整个演讲都围绕营业部经理这个职位进行规划。先表示“舍我其谁”的决心，再阐述“优于常人”的优势。最后，围绕当选后如何开展工作，详细阐述。

总的来说，竞聘万能公式只是一个训练标准，我们唯有将这些技巧灵活应用到实践演练之中，两者相互融合。同时不断学习他人的技巧和策略，形成自身的实训技巧，然后在此基础上添加一些自己的想法和对于工作的计划，方能在竞选中更胜一筹！

超能量演说训练

（1）为了能够更好地进行竞选演讲，需要进行以下训练：

√ 每天即兴说一段关于竞选的内容，并加以记录。

√ 一周汇总之后，在手上写出提纲，进行通篇演讲练习。

√ 一个月邀请家人、朋友充当评委和观众，进行试讲，并请大家记录出优缺点。

√ 演讲中的表情不要太丰富，但是也不要过于严肃，练习讲话时微笑。

（2）训练笔记：